Sabine Rückert

VERBRECHEN 3

Weitere Titel der Autorin:
Verbrechen
Verbrechen 2

In diesem Buch werden an einigen Stellen rassistische Szenen oder Bilder sowie rassistische Sprache reproduziert. Dies spiegelt in keiner Weise die Haltung der Autor:innen und des Verlages wider und dient lediglich dem Zweck, die dargestellten Geschehnisse realitätsgetreu wiederzugeben. Wir verzichten bewusst auf die Nennung der betreffenden Begriffe und kürzen diese ab.

Sabine Rückert (Hg.)

DIE ZEIT

VERBRECHEN 3

Packend und abgründig – neue Fälle aus dem True-Crime-Podcast Nr. 1

eichborn

Die Bastei Lübbe AG verfolgt eine nachhaltige Buchproduktion. Wir verwenden Papiere aus nachhaltiger Forstwirtschaft und verzichten darauf, Bücher einzeln in Folie zu verpacken. Wir stellen unsere Bücher in Deutschland und Europa (EU) her und arbeiten mit den Druckereien kontinuierlich an einer positiven Ökobilanz.

MIX
Papier | Fördert gute Waldnutzung
FSC® C014496

Eichborn Verlag

Originalausgabe

Umschlaggestaltung: © FAVORITBUERO, München
Umschlagmotiv: © Raggedstone/shutterstock
Satz: two-up, Düsseldorf
Gesetzt aus der Dolly
Druck und Einband: GGP Media GmbH, Pößneck
Printed in Germany
ISBN 978-3-8479-0141-9

1 3 5 4 2

Sie finden uns im Internet unter eichborn.de

Änderungshinweis:
Aus Gründen des Persönlichkeitsschutzes haben wir die Namen und andere persönliche Details mehrerer Protagonist:innen in den Texten geändert. Des Weiteren haben wir uns vorbehalten, die älteren *ZEIT*-Artikel an die heutigen sprachlichen Gepflogenheiten anzupassen.

WARUM ES WICHTIG IST, VON VERBRECHEN ZU ERZÄHLEN

Wer von Verbrechen berichtet, steht mitunter im Verdacht, die niederen Motive der Leser bedienen zu wollen, ihre vermeintliche Gier nach Blut, Gemetzel, Sex und dem Untergang (anderer Menschen). Und in der Tat stößt man in der Boulevardpresse, auf Privatsendern oder im Netz immer wieder auf Sensationsberichte, deren Autoren sich offenbar vorgenommen haben, die Gier medialer Gaffer zu bedienen. Nicht selten werden ihre Darbietungen noch angereichert mit Kampagnen gegen Verdächtige (die dann gern unverpixelt abgebildet werden), mindestens aber mit einem Unwerturteil gegen Angeschuldigte oder einem Angriff gegen den »Saustall Justiz«, der den Bösewichtern angeblich viel zu unentschlossen entgegentritt.

Solche Auswüchse sind durchaus ein Problem. Sie sollten aber einen seriösen Kriminalreporter oder eine investigative Journalistin, die einem Verbrechen auf den Grund gehen will, nicht beeindrucken. Denn Kriminalreportagen erfüllen eine wichtige Funktion: Sie zeigen zum einen die Natur des Menschen und die Bedingungen, unter denen verbrecherisches Verhalten gedeiht; zum anderen gewähren sie einen tiefen Blick in die Verfasstheit jenes Staates und jener Gesellschaft, in der wir leben. Kriminalreportagen sind also immer politisch. Kriminalität durchdringt alle Schichten und Communitys gleichermaßen.

Was gilt überhaupt als Verbrechen? Was vom Staat als kriminell verfolgt wird, sagt viel über den Staat selbst aus. Der russische Rechtsanwalt, Putin-Gegner und Widerstandskämpfer Alexej Nawalny hat bei seiner Verurteilung (er wurde unschuldig in ein Arbeitslager geschickt) vor dem Moskauer Gericht eine eindrucksvolle Rede gehalten: Sie handelte von Richtern, die sich ihre Urteile von Politikern diktieren lassen, und von Staatsanwälten, die nicht dem Recht zum Durchbruch verhelfen, sondern dem Unrecht. Strafprozesse sind immer ein Spiegel des aktuellen Zustands der Gesellschaft.Wie in Russland geht es im deutschen Rechtsstaat nicht zu – und doch, auch hier gibt es Kräfte, die auf die Strafjustiz einzuwirken suchen. Sie haben die unterschiedlichsten Motive, und nicht alle meinen es gut. Populistische Gruppierungen oder bestimmte Medien versuchen gezielt, Einfluss zu nehmen auf Gerichte oder den Gesetzgeber selbst. Wenn es Richtern und Parlamentariern unter öffentlichem Druck aber weniger darum geht, Recht durchzusetzen oder Gerechtigkeit herzustellen, sondern eher darum, den Massen zu gefallen, keine schlechte Presse zu bekommen und die nächste Wahl zu gewinnen, dann führt das über kurz oder lang ins Unrecht.

Wie entsteht Verbrechen? Auch das ist letztlich eine politische Frage, denn das Verbrechen ist keine Privatangelegenheit, sondern immer ein Spiegel jener Gesellschaft, in der es begangen wird. Es erzählt von Chancengleichheit oder besser: von deren Abwesenheit. Es illustriert den sozialen Unfrieden. Es erzählt von der Brutalisierung der Menschen unter den Bedingungen mangelnder Zuwendung, mangelnden Respekts und mangelnder Aufmerksamkeit (auch vonseiten der Behörden). Und es erzählt von der Angst, der Einsamkeit und der Verzweiflung jener, die Beute von Kriminellen werden. Wem wird geglaubt, wenn er ein Verbrechen anzeigt – und wem nicht? Nach wem sucht die Polizei sofort, und bei wem lässt sie sich Zeit – auch das sind politische Entscheidungen.

Wer die Geschichten in diesem Buch liest, wird weder zum Gaffer noch zum Zyniker. Die Leserin und der Leser werden ins Nachdenken geraten, werden Mitgefühl empfinden mit den Menschen, auf denen das Schicksal herumgetrampelt hat. Werden vielleicht empört sein über die Art und Weise, wie Polizei und Amtspersonen mit ihren Bürgern umgehen. Und so mancher wird dem Schicksal dankbar sein, selbst nie in eine so schreckliche Lage geraten zu sein wie all die Protagonisten dieses Buches. Denn die sind nicht erfunden. Es gibt sie wirklich – und manche gab es einmal und gibt es jetzt nicht mehr.

Sabine Rückert

IN DER GEFRIERTRUHE

Am Prenzlauer Berg in Berlin verschwinden zwei alte einsame Menschen und werden jahrelang nicht vermisst. Nur die Rente wird weiter ausbezahlt – an den Mörder

Alexander O.* ist der Plagegeist der Mietergemeinschaft eines Wohnblocks in der Hosemannstraße, gelegen im Berliner Bezirk Prenzlauer Berg. Er hat mit allen Nachbarn Streit. Er gerät in Rage, wenn er auf der Haustreppe eine Tüte sieht, die da nicht hingehört. Vor allem nimmt er Gerüche wahr, die niemand außer ihm riecht.

Wegen des angeblichen Gestanks aus dem Erdgeschoss hat er im Lauf der vergangenen zehn Jahre schon so oft die Notrufnummer 110 gewählt, dass die Polizei ihn verwarnte. Seine Beschwerdebriefe an Wohnungsgenossenschaft, Hausverwaltung und Gesundheitsamt füllen Aktenordner. Nichts geschah. Der von ihm bemerkte modrige Gestank blieb. Der Kampf gegen die

Qualen seiner Wohnsituation hat Alexander O. derart zermürbt, dass er nicht mehr arbeitsfähig und Hartz-IV-Empfänger ist. Die gerötete Schwellung um seine Augen verrät Schlaflosigkeit, sein Redestrom psychischen Hochdruck.

Aber nur ein überreizter Mensch wie Alexander O. war in der Lage, Polizei und Staatsanwaltschaft auf die Spur eines grauenvollen Verbrechens zu bringen. Nur Alexander O. fand es unnormal, dass der Rentner Heinz N. aus dem Erdgeschoss seit Herbst 2006 nicht mehr zu sehen war, der Zähler im Keller dennoch einen anhaltend hohen Stromverbrauch in seiner Wohnung anzeigte. Niemand befasste sich mit dem Verschwinden des 80-jährigen Mannes. Nur der Plagegeist ahnte: Hier stinkt was zum Himmel.

Am Abend des 9. Januar 2017 alarmiert er wieder einmal die Polizei. Dieses Mal ruft er direkt beim nächsten Revier an, wo seine schrille Verzweiflung tatsächlich Gehör findet. Zwei Beamte fahren zum Haus in der Hosemannstraße. Die Wohnungstür des Rentners macht sie stutzig. Im Schloss steckt ein Metallnagel, der Türrahmen ist mit Silikonmasse verklebt. Dass Alexander O. beides bewerkstelligt hat, um so auf die Verwaisung der Wohnung aufmerksam zu machen, sagt er nicht. Aber seine Aktion hat Erfolg: Die Polizisten beschließen, sich kurzerhand Zugang zur Wohnung des Heinz N. zu verschaffen, und rufen die Feuerwehr, die ein gekipptes Badezimmerfenster aufhebelt.

Ein Feuerwehrmann klettert als Erster hinein. Die Wohnung macht auf ihn einen unbelebten Eindruck, die

Toilettenschüssel ist ausgetrocknet, auf den Waschtischarmaturen liegt Staub. In der Küche fällt ihm eine große Gefriertruhe ins Auge. Er hebt den Deckel an, sieht einen robusten roten Plastiksack, darum herum ein paar Joghurt- und Zazikibecher, schließt den Deckel wieder und überlässt die genauere Wohnungsinspektion den Polizisten. Als einer von ihnen die Gefriertruhe öffnet und den roten Plastiksack entfaltet, ruft er seinem Kollegen zu: »Da isser!« Vor ihm liegt der Rumpf einer männlichen Leiche. Die Arme sind vor der Brust gefaltet und mit Klebeband fixiert. Kopf und Beine finden sich in drei weiteren Plastiksäcken darunter.

Von der eingefrorenen, zersägten Leiche des Heinz N., der heute 90 Jahre alt wäre, ging keinerlei Verwesungsgeruch aus. Alexander O. hatte etwas gerochen, das es ausschließlich für seinen siebten Sinn gab.

Alterseinsamkeit, dieses Gespenst individualisierter moderner Gesellschaften, hat man während des Prozesses am Berliner Landgericht, wo der »Stückelmord« genannte Fall seit Oktober 2017 verhandelt wird, beklemmend vor Augen. Zehn Jahre lang wurde der verwitwete, kinderlose Rentner von niemandem vermisst – außer von seinem nervlich angeschlagenen Nachbarn. Nach dem Tod seiner Ehefrau muss um Heinz N. ein soziales Vakuum geherrscht haben.

Erschreckend an dieser Geschichte ist noch etwas anderes: die Gleichgültigkeit öffentlicher Verwaltungsapparate gegenüber dem fragilen Dasein alter Menschen. Heinz N. wurde auch von keiner Behörde und keiner Institution vermisst. Der Krankenkasse fiel nicht auf, dass es von dem Senior nach seinem letzten Arztbesuch am 7. November 2006 nie mehr ein Lebenszeichen, aber auch keine Sterbemitteilung gab. Und die Rentenversicherung zahlte zehn Jahre lang an einen Toten. 2000 Euro flossen monatlich in die Hände des mutmaßlichen Mörders, der es laut Anklage genau darauf abgesehen hatte. Sein Verbrechen zeugt von skrupelloser Gier und barbarischer Grausamkeit. Aber auch von jener abgebrühten Strategie, die Systemlücken kriminell zu nutzen weiß.

Der Angeklagte

Auf der Anklagebank sitzt der 56-jährige Josef S., ein gebürtiger Pole, der schon zu DDR-Zeiten nach Deutschland kam. Hat man die Tat im Kopf, die ihm vorgeworfen wird, glaubt man in der gedrungenen Statur, den fleischigen Gesichtszügen und dem verkniffenen Mund die Merkmale des Schlächtertypus zu erkennen. Stünde Josef S. als Paketbote vor der Tür, sähe man nur einen durchschnittlichen Zeitgenossen. Am ersten Prozesstag versammeln sich vor dem Gerichtssaal Nachbarn, Freunde und Gelegenheitsbekannte des Angeklagten, denen nicht in den Kopf geht, dass der joviale, immer gut gelaunte und hilfsbereite »Joschi« ein Killer sein soll, der einen Menschen in vier Teile zersägt hat.

Josef S. selbst äußert während des gesamten Prozesses kein Wort. Zeugenaussagen ergeben, dass er ein handwerklich begabter Gelegenheitsarbeiter war, der hier Fliesen verlegte, dort eine Bistroküche einbaute und mit Altwaren handelte. In der Langhansstraße, ein paar Fußminuten von der Hosemannstraße entfernt, hatte er zuletzt einen Trödelladen, in dessen Hinterräumen er wohnte. Von den zwei Tätigkeiten, mit denen Josef S. seine Freizeit verbrachte, gilt die eine als beruhigend, die andere als suchtanfällig. Er war ein passionierter Angler, verzog sich gern mit Schlafsack und Kocher an brandenburgische Seen. Und er verzockte Unsummen an Spielautomaten.

Zwischen dem Fund der Leiche und der Festnahme von Josef S. vergingen keine 48 Stunden. Bilder der Überwachungskamera des ec-Automaten, an dem er vom Girokonto des getöteten Heinz N. kurz zuvor Geld abgehoben hatte, brachten die Mordkommission auf seine Spur. Bei der Durchsuchung des Trödelladens kamen zwei Tüten zum Vorschein, darin der Personalausweis, die ec-Karte und Kontoauszüge von Heinz N. Es war die Requisitenkammer, derer Josef S. sich bediente, um den Toten offiziell weiterleben zu lassen. Er fälschte seine Unterschrift, zahlte in seinem Namen Miete, verfasste Steuererklärungen, korrespondierte mit der Hausverwaltung. All das lässt sich rekonstruieren – über das Datum des Todes von Heinz N. jedoch nur spekulieren.

Nach dem gerichtsmedizinischen Befund wurde er mit einem Steckschuss in die Stirn getötet. Staatsanwalt Reinhard Albers geht davon aus, dass es zwischen dem 30. Dezember 2006 und dem 1. Januar 2007 geschah. Der Täter könnte die Silvesterknallerei als akustische Kulisse genutzt haben. Zudem fand sich in der Wohnung von Heinz N. eine Rechnung, die den Kauf einer Gefriertruhe am 30. Dezember 2006 belegt. Hat sich der Ermordete ahnungslos seinen eigenen Sarg liefern lassen? Womöglich angeregt von seinem Mörder, der ihn von den Vorzügen haltbarer Tiefkühlkost zu überzeugen wusste?

Fest steht allerdings auch, dass Josef S. in der Silvesternacht 2006/07 bei der Familie eines Freundes feierte. Dieser tritt als Zeuge auf und bringt ein eigenes Video der Party mit, das der Richter auf dem Laptop vorführt. Man sieht Josef S. in vergnügter Runde beim Karaokesingen. Gut hörbar trällert er »Und wenn ein Lied meine Lippen verlässt ...« von Xavier Naidoo. Hat er Heinz N. am Silvesternachmittag getötet und dann aufs neue Jahr angestoßen? Völlig unbestimmbar sind Ort und Zeitpunkt des am Leichnam des Heinz N. mit einer Handsäge begangenen Massakers. In seiner Wohnung fand sich keine Blutspur, allerdings ein anklagerelevantes Indiz: Fingerabdrücke von Josef S. auf den roten Plastiksäcken in der Gefriertruhe.

Die Anklage wirft ihm Mord aus Habgier, Heimtücke und zur Ermöglichung einer anderen Straftat vor. Dazu schweren Raub, Urkundenfälschung und Verstoß gegen das Waffengesetz. Bei dem Gewehr, das Josef S. illegal besaß, handelt es sich allerdings nicht um die Mordwaffe.

Noch im Januar des Jahres 2017 nahm die Mordkommission in einem zweiten Fall Ermittlungen gegen Josef S. auf. Wieder geht es um einen betagten Menschen, um die Rentnerin Irma K. Ab dem Jahr 2000 wurde sie nicht mehr gesehen, 2002 ihre verwahrloste Erdgeschosswohnung in der Naugarder Straße 49 am Prenzlauer Berg zwangsgeräumt. Mehr geschah von Behördenseite nicht. Keine polizeiliche Nachforschung, keine Mitteilung an die Bank, Krankenkasse oder Rentenversicherung. Und wieder zahlte diese über Jahre hin an eine Verschwundene. Vom Konto der Irma K. wurden ihre 800 Euro Monatsrente jedoch per Dauerauftrag auf ein anderes Konto überwiesen: das des Angeklagten Josef S.

Die einzige Spur, die von der Rentnerin existiert, ist ihr Personalausweis. Er tauchte bei der Durchsuchung des Trödelladens auf, wo er dem von Heinz N. Gesellschaft leistete. Mit der makabren Effizienz, die das Handeln von Josef S. auszeichnet, hatte er nicht nur das Vermögen und die Dokumente der beiden Alten zusammengeführt, sondern auch ihre Post. Auf einem Briefkasten seines Wohnhauses Langhansstraße standen untereinander ihre Namen. Josef S. ließ sich die Post seiner Opfer mittels Nachsendeanträgen einfach an seine persönliche Wohnadresse schicken.

Josef S. kannte seine Opfer

Aber sind seine Taten auch juristisch nachweisbar? Im Fall von Heinz N. dürften die Indizien für eine Verurteilung genügen. Eine pathologische, seine Schuldfähigkeit eventuell mindernde Spielsucht erkennt die psychiatrische Gutachterin beim Angeklagten Josef S. nicht. Im Fall der Irma K. erscheint die Täterschaft von Josef S. wahrscheinlich. Nur fehlt für eine Anklageerhebung die Leiche der Frau. »Ich kann sie auch nicht aus dem Wald herbeizaubern«, sagt Staatsanwalt Albers auf dem Gerichtsflur und hebt die Hände zum Kopf, als wolle er sich die Haare raufen.

Wenn Menschen so radikal vereinsamen, dass sie unbemerkt verschwinden oder wochenlang tot in ihrer Wohnung liegen, verortet man das Drama gewöhnlich in der Lebenswelt großstädtischer Anonymität, wo Kontakte über ein stummes Nicken nicht hinausgehen. Der Kiez, in dem sich der »Stückelmord« zutrug, passt nicht recht zu diesem Bild. Es ist ein Viertel mit Gemeinschaftsgärten, alteingesessenem Gewerbe und Kioskbesitzern, denen kein Ehestreit ihrer Kundschaft entgeht. Es gehört zwar zum Bezirk Prenzlauer Berg, liegt aber an der Grenze zu Weißensee, in jeder Hinsicht weit entfernt vom bürgerlichen Kultquartier.

Der Angeklagte Josef S. war, so ein Prozesszeuge, im Kiez »bekannt wie ein bunter Hund«. Er trank morgens beim Getränkehändler einen Kaffee, traf sich mit Freunden im Automatenkasino, hatte für kopfschmerzgeplagte Nachbarn Aspirin parat. Wer »Joschi« durch eine Haustür gehen sah, nahm an, dass seine Handwerkskünste benötigt wurden, um einen Rohrbruch zu beheben oder eine durchgebrannte Stromleitung zu reparieren. Niemand wunderte sich, wenn er sein Fahrrad vor dem Haus in der Hosemannstraße abstellte, wo er ab und zu die Rollläden des toten Heinz N. hochzog, um die Wohnung belebt erscheinen zu lassen.

Josef S. kannte seine Opfer. Bevor er 2004 seine Zelte in der Langhansstraße aufschlug, wohnte er zwei Jahre bei einer Lebensgefährtin, im selben Haus wie sein späteres Opfer. Sie war Mieterin der Erdgeschosswohnung, die der des Ehepaares N. gegenüberlag. Der Verdacht liegt nahe, dass sich Josef S. nach dem Tod von Frau N. im Frühjahr 2006 das Vertrauen des Witwers erschlich, ihn bei Alltagserledigungen unterstützte und mit inszenierter Anteilnahme einlullte. Nachweislich war Josef S. auch mit den Lebensverhältnissen von Irma K. vertraut. In den Neunzigerjahren wohnte er über ihr in der Naugarder Straße 49. Die Strecke zwischen den drei Häusern, die in dieser Geschichte eine Rolle spielen, lässt sich in einer Viertelstunde ablaufen.

Der »Stückelmord« ereignete sich in einem Milieu, in dem jeder jeden vom Sehen kennt. Aber nicht alle werden mit der gleichen Aufmerksamkeit wahrgenommen. Wer könnte beschwören, den alten Mann, neben dem man zehn Minuten lang in der Kassenschlange stand, am nächsten Tag wiederzuerkennen? Nachlassende Lebenskraft ist nur ein Symptom des Alters – nachlassende Sichtbarkeit ein anderes. Der Blick schweift unwillkürlich über die kraftlosen, eintönig gekleideten Gestalten hinweg, deren Erscheinung alle Signale fehlen, die in unserer Kultur vor allem über Sichtbarkeit entscheiden: Vitalität und Individualität.

Er muss auch über Heinz N. und Irma K. hinweggegangen sein. Dass sie isoliert lebten, ist ein Grund für ihre Tragödie, dass ihr Verschwinden im Auge ihrer Umgebung keine alarmierende Lücke hinterließ, ein zweiter. In der Bundesrepublik gibt es rund 25 Millionen Rentenempfänger. Bis vor ein paar Jahren verlangte die Deutsche Rentenversicherung von ihnen regelmäßige »Lebensbescheinigungen«. Mittlerweile gilt dies nur noch für Rentner, die im Ausland leben. Der Aufwand, erklärt ein Sprecher, sei einfach zu hoch.

Hätte Alexander O., der Mann mit dem siebten Sinn,

die Polizei nicht am 9. Januar 2017 dazu gebracht, in die Wohnung von Heinz N. einzudringen, wäre dessen Leiche wohl nie entdeckt worden. Die Wohnung war zum 1. Februar 2017 gekündigt, die Kündigung mit »H. N.« unterschrieben. Staatsanwalt Reinhard Albers geht davon aus, dass Josef S. den Inhalt der Kühltruhe zuvor in zwei großen Reisetaschen abtransportieren wollte. Sie standen schon im Schlafzimmer bereit. »Es war«, sagt Albers, »wirklich der letzte Moment.«

Für Alexander O. ist der Albtraum des Gestanks aus dem Erdgeschoss noch nicht vorbei. Nach wie vor kriechen entsetzliche Gerüche in seine Wohnung im ersten Stockwerk, wenn auch andere als früher.

Aus: DIE ZEIT 6/2018, 1. Februar 2018, von Ursula März

DOPPELLEBEN

Seiner Frau sagt er, er arbeite bei einer Autofirma. Doch Maik I. hat einen anderen Job: Er überfällt Banken, 16 Jahre lang

Mehr als 16 Jahre lang hat Maik I. sie alle genarrt. 16 Jahre lang hat er niemandem ein Sterbenswörtchen gesagt über das Leben, das er wirklich führte. 16 Jahre lang hat er keine Schwäche gezeigt. Jetzt, auf der Anklagebank, da dauert es kaum eine Viertelstunde, bis Maik I. hemmungslos weint. Als würde er erst in diesem Moment, in dem die Staatsanwältin vorträgt, was sie diesem Mann zur Last legt, merken, dass sein Leben eine große Lüge ist. Dass er in all den Jahren nicht nur ein treusorgender Familienvater war und ein guter Fußballkumpel, sondern vor allem: ein Bankräuber.

Im Herbst 2018 muss sich der 45-jährige Maik I. vor dem Landgericht Limburg für eine der erstaunlichsten Überfallserien der deutschen Geschichte verantworten. Die Anklage wirft ihm vor, seit 2002 17 Sparkassen, eine

Volksbank und zwei Geschäfte in Hessen, Nordrhein-Westfalen und Rheinland-Pfalz ausgeraubt und dabei rund 100 Bankleute und Kunden bedroht zu haben. Mehr als 400.000 Euro soll er erbeutet haben. Für bis zu 15 Jahre lang könnte er dafür ins Gefängnis gehen. Als ihm das Wort erteilt wird, sagt Maik I. leise: »Ich habe die Überfälle begangen.«

»Alle Überfälle aus der Anklage?«, fragt der Vorsitzende Richter.

»Ja, alle«, antwortet der schmale, glatzköpfige Angeklagte.

Maik I. kommt aus einem Dorf im Siegerland mit kaum mehr als 800 Einwohnern. Jeder kennt hier jeden. Es gibt einen Schützenverein, aber keinen Supermarkt. Grüne Hänge umrahmen hübsche Fachwerkhäuser, eine dörfliche Idylle. Allerdings nicht für Maik I. Sein Vater, sagt der Angeklagte unter Tränen, habe die Familie tyrannisiert und geschlagen. Und sich null für seinen Sohn interessiert. »Das Einzige, was er gemacht hat, war, den Kühlschrank zu füllen«, sagt I. 1993, als er in einer hessischen Universitätsstadt beginnt, Jura zu studieren, weigert sich der Vater, den Bafög-Antrag seines Sohnes auszufüllen. Und ebnet damit den Weg für die Bankräuberkarriere seines Sohnes – so will es jedenfalls der Bankräuber sehen.

Maik I. redet lange mit schmerzverzerrter Stimme über seine unglückliche Studentenzeit, die immer unglücklicher wurde. Als sich die Mutter endlich vom Tyrannenvater trennte, habe er sich um sie kümmern müssen und so den Anschluss im Jurastudium verloren. Weil das Leben nicht mehr zu finanzieren gewesen sei, habe er einen Kredit aufgenommen – und diesen irgendwann nicht mehr bedienen können. Nach zwölf Semestern bricht Maik I. sein Studium ab. Und kurz darauf auch beinahe sein Leben. Er habe versucht, sich selbst zu töten und es wie einen Unfall aussehen zu lassen, erzählt Maik I. Aber es klappte nicht. »Mir ist mein ganzes Leben aus den Händen geglitten«, sagt er. Dann habe er eben zu rauben begonnen. Bei ihm klingt das wie Notwehr. Nur: gegen wen? Im Zuschauerraum weint seine Mutter.

Eines seiner Opfer sagt: »Ich hatte keine Angst, ich war Angst«

Maik I.s Karriere als Räuber beginnt mit einem Flop. Gießen an einem Freitagmorgen im Oktober 2002. Die Verkäuferin im Tabakladen ist allein, als der Mann in dem graublauen Parka das Geschäft betritt. Sofort tritt er hinter den Tresen, versucht ihr den Mund zuzukleben und fordert Geld. Die beiden rangeln, die Frau wehrt sich lautstark, ruft um Hilfe, da betritt eine Kundin den Laden. Ohne einen Cent Beute stürzt Maik I. aus der Tür.

Wenige Monate später, im Januar 2003, überfällt Maik I. in Rheinland-Pfalz mit einer Pistole in der Hand einen Schreibwarenladen. Die Verkäuferin sagt ihm, es sei zu früh, sie habe nur Wechselgeld in der Kasse. Er sei ihr unsicher vorgekommen, erzählt Rita W. 15 Jahre später vor Gericht. Also habe sie ihm spaßeshalber geraten: »Wenn Sie Geld brauchen, müssen Sie gegenüber in die Sparkasse gehen.« Das macht Maik I. dann auch. Und verlässt die Bank mit 26.197 Euro. Ein seltsam unprofessioneller Anfang eines Serienbankräubers.

Er habe verdrängt, wie die Überfälle genau abgelaufen seien, sagt Maik I. vor Gericht. Die Details kenne er nur aus der Anklageschrift. Wenn der Vorsitzende Richter ihn nach den Angaben fragt, die er bei der Polizei gemacht hat, antwortet I.: »Möglich ist das«, oder: »Kann sein.« Es wirkt, als gehe ihn das nichts an. Maik I. würde in diesem Moment wohl auch Überfälle gestehen, die er nie begangen hat. Es soll einfach nur aufhören. Aber so schnell geht es nicht. Vier weitere Prozesstage sind geplant, zu viele Fragen sind noch offen. Eine sehr simple Frage lautet: Was machte er den ganzen Tag, wenn er nicht gerade Banken ausraubte? »Ich habe versucht, meine Scheinwelt aufrechtzuerhalten«, sagt Maik I.

Sein Alltag in der Scheinwelt besteht aus einem fiktiven Job in der Rechtsabteilung bei Audi. Zwei bis drei Tage, so erzählt er es Freunden und Familie, könne er bequem von zu Hause arbeiten, den Rest der Woche sei er geschäftlich verreist. Nach allem, was bekannt ist, hat in seinem Umfeld nie jemand daran gezweifelt.

Ist er offiziell bei Geschäftsterminen, kundschaftet er Fluchtwege aus. Sitzt er zu Hause vor dem Computer, sucht er nach Banken, die er überfallen kann. Viel Zeit verwendet er darauf, zu warten. Auf einen Lottogewinn und eine »glorreiche Geschäftsidee«. Eine, mit der er so viel verdienen könne, dass er aus dem Doppelleben ausbrechen kann. So sagt er es. Dieser Mann ist von einer beachtlichen Naivität. Es ist kaum zu glauben, dass er fast zwei Jahrzehnte nicht zu fassen war.

Der Bankraub ist eigentlich ein aussterbendes Verbrechen, Kriminalität von gestern. Im vergangenen Jahr zählte die Polizeistatistik 139 Raubüberfälle auf Geldinstitute. Zehn Jahre zuvor waren es noch 552. In den Bankfilialen hat sich die Sicherheitstechnik verbessert. Die Coups der Meisterdiebe spielen jetzt im Internet. Bankräuber sind oft verklärt worden, im Film kaum weniger als in der Realität, vom Publikum wurden viele heimlich dafür geliebt, den Reichen einen Teil ihres Vermögens zu nehmen. Doch in dem Limburger Prozess wird deutlich, wie sehr ein Bankräuber das Leben von Menschen zerstören kann, selbst wenn er niemanden körperlich verletzt.

Einige der etwa 100 Opfer von Maik I.s Überfällen hatten Panikattacken oder Schlafstörungen. Mindestens acht Menschen gelten bis heute als schwer geschädigt. Drei Opfer konnten nie wieder in einer Sparkasse arbeiten. Mehrere potenzielle Zeugen ließen sich vor Prozessbeginn krankschreiben. »Der Bankräuber hat einem die Unbeschwertheit genommen«, sagt der Filialleiter einer betroffenen Bank. Unter Tränen sagt eine ältere Frau, die lange in Therapie war und in Frührente gehen musste: »Ich hatte keine Angst, ich war Angst.«

In einer Sparkasse in Nordhessen schlägt der Serienbankräuber gleich dreimal zu: 2004, 2008 und 2011. Hans Peter H., der frühere Leiter der Filiale, war bei jedem Überfall dabei. Die Bedrohung, erzählt er der *ZEIT*, habe auch bei ihm Spuren hinterlassen. »Wenn ich heute an einem Ort bin, wo Menschen schreien und laute Geräusche sind, die ich nicht zuordnen kann, läuft es mir immer noch eiskalt den Rücken herunter.«

Beim ersten Überfall 2004 sieht H. den Bankräuber durch eine Glasscheibe in seinem Büro. Beim zweiten

Mal läuft er in die Schalterhalle, als er Geschrei hört, und blickt in den Lauf der Pistole. Beim dritten Mal, 2011, läuft H. zum Seitenausgang, als der Bankräuber durch den Haupteingang verschwindet. Er setzt sich in seinen Wagen und fährt ihm hinterher. Eine wahnsinnige Idee. Er weiß, der Räuber ist bewaffnet. Jahrelang war Maik I. niemand so dicht auf den Fersen wie H. in diesem Moment. Aber am Marktplatz im Nachbarort verliert er ihn aus den Augen. Später erst wird er erfahren, dass alle drei Überfälle vom selben Täter verübt wurden.

Im Jahr 2011 beginnt die Polizei zu prüfen, ob sie es mit einem Serientäter zu tun haben könnte. In der Folgezeit ermittelt die Kriminalpolizei im mittelhessischen Wetzlar, und auch beim Landeskriminalamt bildet sich eine Arbeitsgruppe. Die Ermittler tragen zusammen, was die Fälle verbindet: Der Täter fordert die Mitarbeiter und Kunden in der Bank auf, sich hinzulegen. Seine Beute füllt er in Rewe-Plastiktüten oder Jutebeutel mit Fairtrade-Logo. Stets trägt er eine Baseballkappe, oft eine Regenjacke, aber keine Handschuhe, wenn er mit der Pistole in der Hand die Sparkasse betritt. »Von einem Täter, der so viele Überfälle begeht, würde man nicht vermuten, dass er so vorgeht«, sagt ein Polizist. Er scheint ein Amateur zu sein. Und doch finden die Ermittler so gut wie nie Spuren.

Immer wieder überfällt Maik I. kleine Banken auf dem Land, die zehn Kilometer von der nächsten Polizeistation entfernt liegen. Die Ermittler ziehen eine Studie des Landeskriminalamts NRW zurate, in der es heißt: »Täter, die einen Bankraub nicht in ihrem Wohnort begingen, wählten tendenziell Tatorte, die hinsichtlich der Einwohnergröße dem Wohnort glichen.« Auch ihr Bankräuber geht so vor, glauben die Ermittler. Sie ziehen Kreise um die Banken, die I. überfallen haben soll, und grenzen die Region ein, in der er leben könnte. Sie machen eine Liste mit kleinen, ländlichen Bankfilialen, in denen er als Nächstes zuschlagen könnte. Sie werten Hunderttausende Datensätze aus. Sie teilen seine Beute durch die Anzahl der Monate zwischen seinen Überfällen und zählen zusammen, dass er etwa 2000 Euro im Monat zur Verfügung hat. Ab diesem Zeitpunkt wissen die Ermittler, dass der Bankräuber kein Leben im Luxus führt. Und sie wissen ungefähr, wann er wieder losziehen muss.

Mehrmals finden die Fahnder Kleidung des Täters. Eine Jogginghose, eine grüne Regenjacke und Turnschuhe, Größe 42, alles von Lidl. Einer der Beamten druckt daraufhin Hinweisplakate und fährt mehr als 100 Lidl-Märkte in der gesamten Gegend an. Ohne Erfolg. Auch die DNA-Spuren an den Kleidungsstücken, die bereits 2005 und 2006 gefunden wurden, bringen keine Ergebnisse. Maik I. ist für die Polizei nur ein dürrer Geist mit einer Kappe.

Er lebt in dieser Zeit ein Leben, das es eigentlich nicht geben kann. Er schützt seine Scheinwelt, indem er sich zurückzieht. »Der Mensch, der ich bin, ist Stück für Stück abgestorben«, sagt er vor Gericht. Weil er keine Krankenversicherung besitzt, kickt er bei dem Sportverein, dessen Mitglied er seit seiner Kindheit ist, nur noch im Training mit. Bei richtigen Spielen wäre die Verletzungsgefahr zu groß. Wenn ihn jemand nach seinem Job bei Audi fragte, habe er auf eine Verschwiegenheitserklärung verwiesen, sagt Maik I. Seine Familie und sein Dorf lassen sich täuschen. »Wer denkt denn an so was«, sagt ein Nachbar kopfschüttelnd in einer Prozesspause. I. gilt in seiner Heimat als bescheiden und freundlich.

»Ich bin so was von froh«, sagt der Bankräuber bei seiner Verhaftung

2015 stellen die Ermittler den Fall bei der Fernsehsendung *Aktenzeichen XY ... Ungelöst* vor. Zwölf Taten ordnet der hessische Kriminalpolizist Christof Brado dem Bankräuber damals zu. Seit 2013 existiert ein Phantombild des Täters, Brado zeigt es im Fernsehen. Es ist eine Computeranimation, es trifft Maik I. schon damals recht gut: rundes Gesicht, sehr helle Haut, kaum Haare. Der Ermittler warnt noch davor, dass der Bankräuber eine Makarow besitzen könnte, eine Militärpistole aus Osteuropa. Ein Waffenexperte hatte das anhand von Überwachungsbildern analysiert.

Doch nichts passiert. Nach einer räuberischen Pause von einigen Monaten wird im Mai 2016 eine Sparkasse in Rheinland-Pfalz überfallen. Der Täter flüchtet ohne Beute. Am selben Tag überfällt ein Mann eine Sparkasse in Nordrhein-Westfalen, rund 60 Kilometer entfernt. In seiner Rewe-Plastiktüte landen 81.680 Euro. Sein größter Raub. Wenn er sich sein Geld weiter so einteilt, dass ihm etwa 2000 Euro pro Monat reichen, muss er jetzt 40 Monate nicht auf Beutezug gehen. Die Ermittler fluchen. Er könnte drei Jahre lang abtauchen.

Nach diesem Überfall wirft Maik I. seine Pistole – nur

eine Attrappe, wie er betont – in den Wald. »Ich habe ja immer gehofft, dass ich es nicht mehr machen muss«, sagt er. Er ist wie ein Süchtiger, der von den Drogen loskommen will. Aber er schafft es nicht. In dieser Zeit findet er die Frau, die er die Liebe seines Lebens nennt. Seine Tochter kommt zur Welt. Vor Gericht sitzt seine Lebensgefährtin neben seiner Mutter im Zuschauerraum. Sie ist bei ihm geblieben, obwohl er sie jahrelang belogen hat.

Nach dem letzten Raub am 2. Januar 2018 kommt den Ermittlern der Zufall zu Hilfe. Einem Zeugen fällt ein Sportwagen in dem kleinen nordhessischen Ort auf, in dem I. die Summe von 11.115 Euro erbeutet. Ein Sportwagen Marke Audi, Farbe Daytonagrau mit Perleffekt. Auf den Überwachungsvideos eines Getränkemarkts im Ort entdecken die Ermittler den Wagen wieder. Es ist ein seltenes, neues Modell, das nicht viele Menschen fahren. Dieser Hinweis bringt sie zum Besitzer des Wagens. Maik I. sagt vor Gericht, er habe das Auto aus einem speziellen Verkaufsprogramm von Audi erworben, das längerfristig Mietwagen zur Verfügung stellt. Dieses eine Mal, als er sich ein klein wenig Extravaganz genehmigte, sollte ihm zum Verhängnis werden.

Anfang März 2018 klingelt bei einem Kriminalpolizisten aus Mittelhessen das Telefon. »Morgen fahren wir die Maßnahme, da nehmen wir den fest«, sagt der Kollege aus Nordhessen. Die Ermittler haben Maik I. beobachtet. Sie rechnen damit, dass sein nächster Überfall unmittelbar bevorsteht. Sie sind am Ziel. Etwa 100 Polizisten, darunter ein Spezialeinsatzkommando aus Kassel, fahren in das 800-Einwohner-Örtchen. Mit Rauchgas vernebeln sie die Wohnung, bevor sie Maik I. festnehmen. Auf die Polizisten wirkt er ruhig und gefasst.

»Ich bin so was von froh, dass ich verhaftet worden bin«, sagt Maik I. vor Gericht. Es sei der Ausweg gewesen, den er selbst nie gefunden habe. Viele Jahre lang war Maik I. ein Gefangener seiner eigenen Scheinwelt, nun wird er für lange Zeit ein Gefangener des Staates sein. Niemand könne nachvollziehen, was für ein großer Gewinn die Verhaftung für sein Leben sei, sagt Maik I., der Serienbankräuber. Endlich könne er wieder er selbst sein.

Aus: DIE ZEIT 42/2018, 11. Oktober 2018, von Veronika Völlinger

TATORTANALYSE

Jeder Tatort erzählt vom Täter. Nicht immer kann die Polizei die Handschrift des Verbrechers entschlüsseln. Profiler sollen Mörder und Vergewaltiger aufspüren. Doch nicht alle Analytiker arbeiten mit seriösen Methoden

Der Tatort ist ein Ort, an dem ein Mensch Entscheidungen getroffen hat. Böse Entscheidungen, die etwas verraten über das unbekannte Hirn, dem sie entstammen. Der Täter hat objek-tive Spuren seines Handelns hinterlassen und damit ein Stück von seinem Innersten preisge-geben. Der Tatort spiegelt die Absichten und Wünsche des Täters wider, hier findet sich seine ganz persönliche Handschrift. Es ist an der Polizei, diese Handschrift zu lesen, zu verstehen und, den Spuren am Tatort folgend, zum Täter vorzudringen.

Das ist die Idee von der Tatortanalyse und vom Täterprofil. Sie klingt einfach und plausibel und ist doch im Polizeialltag nur unter größter Anstrengung zu realisieren: Warum hat der Mörder sein Opfer erdrosselt? Warum hat er es erschlagen? Warum hat er es erstochen? Hatte er das Messer dabei, oder stammt es aus der Küche des Opfers? So lauten die klassischen Standardfragen der Kripo. Weit tiefere Einblicke in die Persönlichkeit des Mörders gewähren aber diejenigen seiner Entscheidungen, die den Ermittlern auf den ersten Blick gänzlich überflüssig erscheinen und die allein aus der Perspektive des Täters verständlich werden: Warum 90 Messerstiche, wo schon der erste tödlich war? Warum fehlt bei einer Leiche kein Geld, aber eine Heiligenfigur? *Was hat der Täter am Tatort getan, das er nicht hätte tun müssen?*, lautet deshalb der Ansatz der Tatortanalytiker und Profiler.

Solche Spezialermittler gibt es beim Bundeskriminalamt und in allen 16 Landeskriminalämtern Deutschlands. OFA ist der Name der Sonderabteilungen, was für Operative Fallanalyse steht. Die OFA-Mitarbeiter rollen Fälle, die auch nach Jahren von der Kripo nicht aufgeklärt werden konnten, noch einmal ganz neu auf und versuchen mit kriminalistischem und psychologischem Sachverstand den Täter doch noch einzukreisen. Diese avantgardistische und spannende Methode stammt aus den USA und soll nun auch der deutschen Kriminalpolizei helfen, unentdeckten Verbrechern auf die Spur zu kommen.

Neben den staatlichen Tatortanalyseteams tummeln sich auf dem Felde des Profilings aber auch eine Reihe Kriminalpsychologen, die sich – nach Art der Titelfigur der britischen Fernsehserie *Für alle Fälle Fitz* – im Alleingang in die Seele der Täter begeben. Mancher von ihnen hat es zu einiger Prominenz gebracht, wie der Österreicher Thomas Müller. Diesem Profiler ist es sogar gelungen, die Position des unsichtbaren Dienstleisters, der im Hintergrund der Kriminalpolizei wirkt, zu verlassen und als Sachverständiger vor deutschen Gerichten aufzutreten. Seither beschäftigt sich die Justiz immer wieder mit der Frage, ob die durch die Tatortanalyse zutage geförderten Erkenntnisse nicht auch bei der Überführung von Straftätern hilfreich sein könnten.

Im Juni 1997 kommt es im Landgericht Nürnberg-Fürth zu solch einer außergewöhnlichen Beweisaufnahme: Der damals 33-jährige Thomas Müller wird als Sachverständiger in einer Hauptverhandlung gehört. Zum ersten Mal lässt sich ein deutsches Gericht den Tatort von einem Gutachter psychologisch interpretieren. Es geht um Mord. Die Staatsanwaltschaft hat den Maschinisten Roland K. angeklagt, zwölf Jahre zuvor, also 1985, mit Vergewaltigungsabsichten ins Appartement der Prostituierten Sylvia S. eingedrungen zu sein und sie – als er auf Widerstand stieß – in einem Wutanfall mit über 20 Messerstichen getötet zu haben. Die Beweislage gegen K. ist denkbar dünn. Sichere Spuren gibt es nicht, auch keine Zeugen und schon gar kein Geständnis. Im Gegenteil: Roland K. bestreitet die Tat heftig – er tut es bis heute.

Ausbildung beim FBI – das imponiert den deutschen Richtern

Andererseits hatte er im Polizeiverhör eingeräumt, er sei in den Jahren 1984 und 1986, mit einem Messer bewaffnet, bei insgesamt drei Prostituierten eingedrungen, die im Erlanger Hochhaus Am Europakanal 36 ihrem Gewerbe nachgingen. Er habe sie bedroht und zum Geschlechtsverkehr gezwungen und sei dann mit ihren Einnahmen geflüchtet. So weit K.s Geständnis. Sylvia S. jedoch ist am 2. Mai 1985 in ihrem Appartement Am Europakanal 34, also im Nachbargebäude, getötet worden. Für die Polizei in Erlangen war deshalb rasch klar, dass der Vergewaltiger Roland K. auch ein Mörder sein müsse.

Da Beweise nicht aufzutreiben sind, wendet sich das Gericht an Thomas Müller, Oberkommissar mit Psychologiestudium. Er stellt den »Kriminalpsychologischen Dienst« des österreichischen Innenministeriums dar, eine Einmannabteilung, die sich mit Tatortanalyse beschäftigt. Müller hat sich beim amerikanischen FBI auf dem Feld der Verbrechensanalyse und des Profilings fortgebildet. Das imponiert den Richtern. Er rekonstruiert nicht nur den Tathergang, er traut sich auch zu, die Motive des Mörders und die individuelle Handschrift, das Profil des Täters aus den Tatortbefunden herauszulesen. Das Gericht beauftragt Müller deshalb zu untersuchen, ob der Mord an Sylvia S. der Vergewaltigungsserie mit der Handschrift des Roland K. zuzurechnen sei oder ob ein anderer Täter infrage komme.

Müllers Gutachten gibt klare Antworten: Bei den drei Vergewaltigungen am Europakanal 36 handle es sich um charakteristische Taten eines *anger retaliatory rapist*, eines Vergewaltigers, der aus Zorn und Vergeltungsdrang handle und das Opfer demütigen wolle. Gerade bei diesem Tätertypus drohe jedoch eine Eskalation der Tat, wenn es durch Gegenwehr der Frau – bei der toten Sylvia S. fand sich ein Tränengasspray – zu einem Kontrollverlust des Täters komme. Den Mord an Sylvia S. am Europakanal 34 definiert Müller aus verbrechensanalytischer Sicht als eine aus dem Ruder gelaufene Vergewaltigung, bei der es zur ungeplanten Tötung des Opfers gekommen sei. »Eine Täteridentität« mit dem Vergewaltiger im Nebenhaus könne »mit hoher Wahrscheinlichkeit hergestellt werden«, steht in seinem Gutachten.

Müllers Auftritt vor Gericht hat etwas von einer Show. Der Angeklagte und sein Anwalt erinnern sich, wie der Sachverständige »mit Entourage und Pistolenhalfter« in den Saal vorrückte. Fragen der Verteidigung habe er gequält und herablassend beantwortet. Das Gericht dagegen war vom Auftritt des Sachverständigen Müller wohl ziemlich beeindruckt. Jedenfalls spricht die Kammer Roland K. wegen Mordes schuldig und verurteilt ihn zu einer Jugendstrafe von zehn Jahren. Fast das gesamte Gutachten des Profilers wird ins Urteil hineingeschrieben.

»Besonders bemerkenswert« finden die Richter, dass Müller durch seine Verbrechensanalyse sogar das exakte Tatmotiv des Angeklagten ergründet habe. Der Profiler legt in seinem Gutachten nämlich dar, dass jener Täter, der den Europakanal unsicher machte, »im Zeitraum Sommer 1983 bis März 1984 eine für ihn nicht tragbare Kränkung, Beleidigung oder Erniedrigung durch eine Prostituierte« habe erfahren müssen. Damit trifft er den Nagel auf den Kopf! Roland K. hatte tatsächlich ausgesagt, die drei Prostituierten aus Wut und Rachedurst überfallen zu haben, da er mit einer Dirne im Herbst 1983 schlechte Erfahrungen gemacht hatte. Wie konnte Müller, der doch als sachverständiger Profiler allein die Unterlagen des Tatorts kennen und über keinerlei den Verdächtigen betreffende Informationen verfügen darf, das bloß wissen? Die übersinnlichen Fähigkeiten des Sachverständigen finden rasch eine natürliche Erklärung, liest man den Schriftverkehr, der im Vorfeld des Gutachtens zwischen Müller und dem Vorsitzenden Richter der Kammer stattfand. Er dokumentiert, dass dem unabhängigen Gutachter fahrlässigerweise die komplette Ermittlungsakte des Roland K. – also auch jenes Geständnis des Angeklagten, das der Profiler nie hätte zu Gesicht bekommen dürfen – zugeschickt worden war.

In Müllers schriftlicher Analyse des Mordes an Sylvia S. bleiben viele Eigentümlichkeiten des Tatbildes unberücksichtigt. Zum Beispiel das Problem, warum ein Täter, der regelmäßig in einem anonymen 19-geschossigen Mietturm mit der Hausnummer 36 zuschlägt, plötzlich in den zweistöckigen Flachbau der Nummer 34 wechseln sollte, der gerade sechs Mietparteien Raum bietet. Auch wird die Frage ausgespart, warum der psychisch gesunde Roland K. 1986, also ein Jahr nach dem Blutbad, zum Vergewaltigen ausgerechnet wieder die Straße Am Europakanal aufgesucht haben soll. Plausibel ist ein solches Verhalten doch nur, wenn Roland K. den Mord nicht begangen hat. Unerörtert bleibt zudem, ob nicht alternative Versionen denkbar wären, ob beispielsweise eine Beziehungstat vorliegen könnte – die vielen Messerstiche weisen auf enormen Hass hin. Auch die Tatsache, dass der Toten das Haar büschelweise abgeschnitten wurde, kommt in Müllers Tatortanalyse nicht vor, obwohl gerade diese Handlung zu jenen »überflüssigen« zählt, die der Täter nicht hätte ausführen müssen, um das Verbrechen zu begehen.

Ferner hat der Mörder das Blut der Sylvia S. in ihrem Gesicht und auf den unbedeckten Körperzonen verschmiert. Als Erklärung für diese Auffälligkeit hat Müller nur die Spekulation parat, der Täter wolle sein Opfer dadurch »symbolisch degradieren«. Woher weiß Müller das? Wissenschaftliche Grundlagen für seine Schlussfolgerungen gibt es nicht. Als Literatur nennt er ein *Crime Classification Manual*, ein FBI-Handbuch, das für ein deutsches Gericht kaum zu beschaffen ist. Das Handbuch umfasst eine Sammlung von Tätertypen und mag für polizeiliche Verdachtschöpfung Denkanstöße geben – als Grundlage für die Analyse des hochkomplexen, von zahllosen Unberechenbarkeiten beeinflussten menschlichen Entscheidungsprozesses ist es zu dürftig. Auch findet sich der Tätertyp des *anger retaliatory rapist* in diesem – als wissenschaftliches Fundament des Müllerschen Gutachtens vorgestellten – Handbuch an der zitierten Stelle nicht.

Trotz der Lücken in der Beweiskette lässt der Bundesgerichtshof (BGH) das Urteil gegen Roland K. kommentarlos passieren. Ohne ein Wort der Erläuterung wird die Revision als »offensichtlich unbegründet« verworfen. Zu dem Urteil, das auf den Hypothesen eines Psychologen beruht, schweigt das Höchste Gericht. Die Bundesrichter lassen die Gelegenheit verstreichen, sich zum Beweiswert der Tatortanalyse zu äußern und den Gerichten einen Qualitätsmaßstab an die Hand zu geben. Aus ihrem Schweigen zieht Thomas Müller die Folgerung, der deutsche Bundesgerichtshof habe seine Methode der Tatortanalyse »als Beweismittel anerkannt«. Diese Fehlinformation lässt er seither auf Veranstaltungshinweise und Broschüren drucken und verschafft seinen Theorien so die Aura des Wissenschaftlichen. Mit der Tatsache konfrontiert, dass der BGH die Tatortanalyse keineswegs als Beweismittel anerkannt habe, gibt sich Müller überrascht: »Das hab ich nicht gewusst.«

Ein Tatort muss gerichtsfeste Beweise liefern: Fingerabdrücke, DNA-Spuren, Tatwerkzeuge, die bestimmten Personen eindeutig zuzuordnen sind, oder Zeugen. Erst wenn jemand eines Verbrechens sicher überführt ist, darf er verurteilt werden. Ahnungen von Ermittlern helfen nicht weiter. Ebenso wenig taugt die Einschätzung, ein Angeklagter wie zum Beispiel Roland K. gehöre zu einem bestimmten Tätertypus. Denn selbst wenn jemandem ein charakteristisches Verhalten eigen ist, heißt das nicht, dass er es immer zeigt. Vielleicht ist ihm auch ein anderer, der das gleiche Verhalten aufweist, zuvorgekommen. Von einem »Tätertyp« kann ohnehin nur die Rede sein, wenn eine nennenswerte Zahl von Personen das charakteristische Verhaltensmerkmal zeigt.

Am 18. Mai 2000 will wieder ein deutsches Landgericht Müller als Sachverständigen hören. Diesmal in Berlin. Auf der Anklagebank sitzt ein Mann, dem der Mord an der neunjährigen Marina aus Adlershof vorgeworfen wird. Auch hier ist die Beweislage trostlos, diesmal infolge schlampiger Ermittlungen der Polizei. Jetzt ruhen die Hoffnungen der Staatsanwaltschaft auf der Kriminalpsychologie. Die mumifizierte Kinderleiche von Marina war 1994 auf dem Dachboden eines Abrisshauses unter einem umgestürzten Sofa gefunden worden. Das Kind hatte in der Nachbarschaft gewohnt und war seit einem Jahr verschwunden. Die Leiche war entkleidet und wies Reste von Fesselungen auf, der Kopf war mit Plastiktüten umwickelt, der Körper mit einem Laken abgedeckt. Weder Todeszeitpunkt noch Todesursache waren festzustellen.

Erst 1999, fünf Jahre später, ermittelte die Polizei den Eigentümer des Bettlakens anhand eines ihm anhaftenden Wäschereizettels. Es gehörte der ehemaligen Freundin des zuletzt einzigen Hausbewohners. Der wird festgenommen und angeklagt, Müller als Sachverständiger geladen. »Mit ihm weht ein Hauch von Hollywood in den Gerichtssaal«, schreibt die *Berliner Zeitung*, gleich drei Adlaten weichen dem Profiler nicht von der Seite. Vor Gericht definiert Müller den Mord nach dem bekannten *Crime Classification Manual* als *»mixed sexual homicide«*, da geplante und ungeplante Handlungen am Tatort erkennbar seien. Der Täter habe sich die Sexualstraftat schon lange in seiner Fantasie ausgemalt und sie nun oben auf dem Dachboden Wirklichkeit werden lassen. Das Opfer ungesehen auf den Speicher zu bringen, dort zu missbrauchen, zu töten und abzudecken sei mit einem hohen Risiko verbunden gewesen und habe einige Zeit gedauert. Daraus folgert

Unter dem umgestürzten Sofa liegt die Mumie eines Kindes

Müller, »dass der Täter mit den örtlichen Gegebenheiten des Hauses« und »den räumlichen Verhältnissen in den oberen Stockwerken sowie des Dachbodens näher vertraut war« und sich deshalb vor Störungen sicher fühlte. Das freilich weist auf einen Hausbewohner hin. Trotzdem spricht das Gericht den Angeklagten frei. Die Richter sehen seine Schuld als nicht erwiesen an, denn jeder konnte unbemerkt auf den Dachboden des Abrisshauses vordringen und sich dort ungestört fühlen. Das Bettlaken hing, laut Urteil, offen im Speicher, ein jeder hätte es an sich nehmen können.

Auf den Sachverständigen Müller angesprochen, erinnert sich der Vorsitzende Richter Hans-Christian Luther heute besonders an dessen »unsachliches Verhalten« vor Gericht. Wütend und gekränkt habe er auf kritische Fragen der Verteidigung reagiert. Seine tatortanalytischen Erkenntnisse hätten der Kammer nicht weitergeholfen. »Solche Sachverständigen werde ich nicht mehr laden«, resümiert Richter Luther, »das ist rausgeschmissenes Geld und vertane Zeit.« Überdies sei der Freispruch jenes Angeklagten einer der wenigen, bei denen er, Luther, im Rückblick ein »richtig gutes Gefühl« habe. Da geht es dem Tatortsachverständigen Müller ganz anders: Er ist nach wie vor überzeugt, dass Marinas Mörder damals auf der Anklagebank saß. Auf Vorträgen zeigt er das Dia der kleinen Mumie und konstatiert, das Landgericht Berlin habe den Mörder dieses Kindes laufen lassen.

Als die Tatortanalyse in Deutschland noch eine Novität war, galt der schillernde Thomas Müller für die Kriminalpolizei als Heilsbringer – er war es, der die Methode als amerikanischen Import in Deutschland unter die Leute gebracht hat. Zwar hatte es in der DDR vereinzelt Kriminologen gegeben, die der Polizei bei der Tätersuche halfen, sich in den Tatort vertieften und daraus Profile entwickelten. Im Zuge der Wiedervereinigung waren diese Planstellen jedoch abgebaut worden. Nun also kehrte der kriminalistische Ansatz, den man im Osten entsorgt hatte, mit transatlantischem Gütesiegel in die Polizeiarbeit zurück. Anfang der Neunzigerjahre war Oberkommissar Müller, knapp 30-jährig, in die USA gereist und hatte sich beim FBI mit der Kunst des Täter-Profilings vertraut machen lassen. Bei der amerikanischen Bundespolizei hatten sich diverse Agenten darauf spezialisiert, in Gefängnisse zu gehen und dort Interviews mit Serienmördern durchzuführen, in der Hoffnung, nach solchen Gesprächen selbst die abnormsten und verborgensten Triebe zu begreifen, die Menschen zu Verbrechern machen. Aus den Informationen, die man dank tatsächlicher oder vermeintlicher Eröffnungen diverser Serientäter gewann, kreierte das FBI dann seine Profiling-Theorien, die bei der Verfolgung von Sexualmördern helfen sollten. Durch den mit seiner Unterstützung gedrehten Film *Das Schweigen der Lämmer* wurde das Glaubensbekenntnis des FBI, wer »Ungeheuer« fangen wolle, müsse »Ungeheuer« fragen, weltweit bekannt. Anfangs waren auch die deutschen Kriminalisten von den Neuigkeiten aus dem Gepäck des Heimkehrers Müller fasziniert. Zwar hatte man beim Bundeskriminalamt zu diesem Zeitpunkt zaghaft mit Forschungen zur Tatortanalyse begonnen, allerdings in aller Stille und ohne sich zunächst allzu viel davon zu versprechen. Müller hingegen war Zurückhaltung fremd. Mit Überzeugungskraft, Verve und erheblichem Unterhaltungswert brachte er seine neue Lehre den deutschen Ermittlern auf Seminaren, Tagungen und Fortbildungen gegen Geld nahe. Ausgerüstet mit Batterien von Schreckensdias, die Verstümmelte und Zersägte in allen Lagen zeigen, weihte er staunende Kriminalbeamte in die psychologischen Geheimnisse der Tatorts ein und lehrte sie dabei durchaus auch, den eigenen Blickwinkel auf das Geschehen zu erweitern. Sein Charisma, seine publikumswirksame Art, sein Hang zu Medien machten ihn vorübergehend zu einem Propheten der Kriminalistik. Weil Müller als mitreißender Selbstdarsteller in seinen Hörern die Überzeugung reifen ließ, er habe mit der Tatortanalyse den Stein der Weisen gefunden, florierte seine Geschäftsidee einige Jahre.

Mit der Zeit wurde es allerdings schwieriger, weil die Eleven beim Versuch, die Lektionen der Müllerschen Lehre auf ihre Alltagsfälle anzuwenden, reihenweise scheiterten. »Es ging einfach nicht«, meint Michael Baurmann, Leiter der Operativen Fallanalyse im Bundeskriminalamt, »fast alle Regeln und Theorien funktionierten in der Praxis nicht.« Viele Hypothesen seien in der Auseinandersetzung mit »hoch exotischen Deliktgruppen« in den USA ersonnen worden und auf den Durchschnittsmörder in Sachsen und den Allerweltsvergewaltiger in Bayern nicht anwendbar. Außerdem seien die Befunde an einem Tatort oft so amorph, diffizil, verrätselt und vielgestaltig, dass man mit der »stupiden Anwendung«

von FBI-Regeln aus den Siebzigerjahren und einer groben Schablone für Tätertypen nicht weiterkomme.

Baurmann hält inzwischen jene alten FBI-Untersuchungen, die Müller nach wie vor propagiert, für »unseriös«. Das FBI selbst sei auf Druck von US-Gerichten, die ernst zu nehmende Fakten sehen wollten, gezwungen, die eigenen Theorien zu überarbeiten und auf eine wissenschaftliche Datenbasis zu stellen. Es existiere bislang keine saubere Literatur, Täterprofile würden dort nicht wissenschaftlich, auf Grund nachprüfbarer Kriterien aufgestellt, sondern oft »aus dem Bauch«.

Nach und nach gelangte man in der deutschen Polizei zu der Überzeugung, dass Thomas Müller sich selbst und die Möglichkeiten der Tatortanalyse maßlos überschätze und dass das Phänomen des Verbrechens zu mannigfach und komplex sei, um sich in ein paar Schubladen einordnen zu lassen. Deshalb haben sich die Verbrechensanalytiker der Abteilungen für Operative Fallanalyse von Müller und den alten FBI-Vorgaben abgewandt und lassen das *Crime Classification Manual* im Schrank verstauben. Sie haben eigene Ideen und Wege entwickelt. Fundamentale Prinzipien des FBI-Profilings gingen dabei über Bord. Zum Beispiel die Gleichung vom Täter-Opfer-Risiko: Dahinter steckt die Vorstellung, dass der Täter bei seinem Verbrechen zwangsläufig ein hohes Risiko eingehen müsse, wenn das Opfer durch seinen Lebensstil nur ein geringes Risiko habe, einem Verbrechen zum Opfer zu fallen. Deshalb sei es für ihn schwieriger, eine Hausfrau umzubringen als beispielsweise eine Prostituierte. Diese These gilt in der deutschen Polizei als durch die Realität widerlegt. Zu viele Verbrechensopfer fallen nicht wegen ihres riskanten Lebenswandels, sondern durch zufällige, mit Gedankenmodellen nicht fassbare Umstände in die Hände eines Täters.

Ebenso gilt die – von Müller als Axiom des Profilings hochgehaltene – Unterscheidung zwischen dem organisierten und dem unorganisierten Verbrecher bei deutschen Tatortexperten als überwunden. Unter einem organisierten Mörder stellte sich das FBI den planenden Täter vor, der seine Tat in allen Einzelheiten vorbereitet hat, was auf ganz bestimmte biografische, charakterliche und intellektuelle Tätereigenschaften schließen lasse. Im Gegensatz dazu wird der unorganisierte Täter als mental eher schwach und mit wenigen geistigen und kommunikativen Fähigkeiten ausgestattet beschrieben. Auch von dieser Differenzierung hat sich die deutsche Tatortanalyse verabschiedet. Fast alle Tötungsdelikte weisen organisierte und nichtorganisierte Elemente auf, heißt es in den OFAs, vielversprechende Rückschlüsse seien da kaum möglich.

Tatortanalyse und Profiling, wie sie in den OFA-Abteilungen der Landeskriminalämter und des BKA betrieben werden, erheben weder den Anspruch, Wissenschaft zu sein, noch darf man sie als Kaffeesatzleserei abqualifizieren. Es handelt sich um ausgeruhte Polizeiarbeit auf hohem Niveau. Die Profiler arbeiten mit Häufigkeiten und Wahrscheinlichkeiten, ihre Erkenntnis speist sich aus den Erfahrungen polizeilicher Ermittler und wird durch das Spezialwissen diverser Sachverständiger, die von den OFAs nach Bedarf hinzugezogen werden, angereichert. So entsteht ein gut ausgerüsteter kriminalistischer Werkzeugkoffer. Die akribische Inspektion und die intelligente – auch kriminalpsychologische – Interpretation von Tatort befunden können den Profilern helfen bei der Antwort auf die Frage: Wo muss ich den Täter suchen? Wie kann ich den Verdächtigenkreis eingrenzen? Was für ein Motiv könnte hinter einem Verbrechen stecken, Habgier oder eine kaschierte sexuelle Absicht? Handelt es sich um eine Einzeltat, oder könnte sie Teil einer Serie sein? Jeder Polizeiprofiler weiß: Die Tatortanalyse liefert keine Beweise, die einen bestimmten Verdächtigen überführen – aber Wege zum Täter kann sie zeigen.

Für eine Bearbeitung in der OFA kommen fast alle schweren Straftaten in Betracht: Gewalttaten, Menschenraub, Brandstiftungen, Sprengstoffverbrechen oder Produkterpressungen, die häufigsten Anfragen an die Spezialisten von der Fallanalyse kommen jedoch aus den Mordkommissionen und jenen Kommissariaten, die für Sexualdelikte zuständig sind. Aussichtslos wird es für die Ermittler nämlich oft dann, wenn Täter und Opfer einander nur flüchtig oder gar nicht kannten, wenn offenkundig eine Zufallstat vorliegt oder kein für einen normal denkenden Menschen verständliches Motiv erkennbar ist. Bei solchen Verbrechen liegt die Aufklärungsrate dramatisch unter dem Durchschnitt.

Die Profiler in den OFAs haben den Mordkommissionen voraus, dass sie nicht unter Zeitdruck stehen: Kein Staatsanwalt, kein Polizeireporter drängelt und will Ergebnisse haben. In aller Ruhe sichten die Fallanalytiker wieder und wieder die Tatortfotos, studieren den Bericht der Gerichtsmedizin und die Ergebnisse der Kriminaltechnik. Aus Landkarten, den Erkenntnissen über das oder die Opfer und dem Protokoll der Spurensicherung versuchen sie die Entscheidungen des Täters nachzuvollziehen.

Zum Schluss werden vorsichtige Täterhypothesen aufgestellt. Wie alt könnte der Mörder oder Vergewaltiger sein? Dabei helfen Statistiken, die über die Korrelation bestimmter Verbrechen mit bestimmten Lebensaltern von Tätern Auskunft geben: So sind Vergewaltiger beim ersten Delikt oft einzelgängerische Mittzwanziger. In welcher Beziehung könnte der Täter zum Opfer gestanden haben? Bei weiblichen Opfern von Sexualmorden, die zwischen 6 und 21 Jahre alt sind, ist der Täter in 55 Prozent der Fälle ein Bekannter oder Verwandter, in 21 Prozent der Fälle ein Fremder und in 74 Prozent der Fälle vorbestraft. Könnte der Täter aus der Region stammen? Auf Ortskenntnisse weist zum Beispiel das Versteck einer Leiche hin. Bei Serientaten zeigen rote Fähnchen auf Landkarten, ob der Täter ein bestimmtes Gebiet bevorzugt. Dann ist anzunehmen, dass er auch in der Nähe wohnt.

Mit Statistiken, Landkarten und Fotos auf Mörderjagd

Mit Hilfe solcher Ortsfaktoren kamen die Tatortanalytiker des Bundeskriminalamts zum Beispiel dem Mörder der elfjährigen Nelly aus Cloppenburg auf die Spur. Das Mädchen war im März 1998 vergewaltigt und erstochen worden. Aus dem Fundort der Leiche, dem Fundort des

Mordwerkzeugs, dem Fundort des kindlichen Rucksacks und dem des Mädchenfahrrads schlossen die Ermittler, welchen Weg der Mörder genommen haben musste. Die Hypothese lautete: Der Täter hatte das Kind nicht weit von seinem eigenen Zuhause überfallen, hatte sich dann zur Begehung der Tat an einen weiter entfernten, ihm aber wohlbekannten Ort zurückgezogen und auf dem Rückweg nach Hause die verräterischen Sachen entsorgt. Nach eingehendem Studium der Land- und Straßenkarten waren die Tatortanalytiker des BKA sicher, dass der Wohnort des Täters »im Umkreis von 15 Kilometern um Strücklingen« liegen müsse. Daraufhin bat die Cloppenburger Polizei alle 16.000 in diesem Gebiet lebenden Männer zum Speicheltest. Das DNA-Massenscreening überführte Nellys Mörder – er wohnte exakt im Mittelpunkt des eingeschätzten geografischen Raums. Später gestand er noch einen weiteren Mädchenmord.

Das Blickfeld der OFAs geht weit über das Einsatzgebiet einer Mordkommission hinaus. Über eine neu eingerichtete Datenbank, in der Besonderheiten von Tatbegehungen erfasst sind, können die OFA-Kriminalisten eventuelle Ähnlichkeiten zwischen Verbrechen in München, Kassel, Stuttgart und Dresden feststellen und kommen so vagabundierenden Tätern auf die Spur. Um bundesweit einen einheitlichen Qualitätsstandard zu garantieren, werden alle OFA-Analysen grundsätzlich schriftlich angefertigt. So ist es möglich, die tatortanalytischen Hypothesen nach der Festnahme des Täters zu verifizieren. Die Angaben der gefassten und geständigen Täter zeigen bisher: Je konkreter die Informationen vom

Tatort, desto treffender die Übereinstimmungen von polizeilichem Täterprofil und tatsächlicher Täterpersönlichkeit. Doch bei Weitem nicht alle Täter werden gefasst. Manchmal sind die Tatortbefunde so spärlich, diffus und abnorm, dass auch die OFA-Mitarbeiter vor unlösbaren Aufgaben stehen.

So beschäftigt die Kripo Bremen bis heute der Mordfall Adelina. Die zehnjährige Russlanddeutsche verschwand im Sommer 2001 auf dem kurzen Weg von der Wohnung ihres Großvaters zu der ihrer Mutter. Drei Monate später fand eine Pilzsucherin die aufgelösten Überreste des Kindes in einem blauen Müllsack verpackt in einem nahen Wäldchen. Todesursache oder Verletzungsmuster waren nicht mehr festzustellen. Axel Petermann, Chef der neuen OFA-Bremen, grübelt seither, ob eine auffällige, kreuzartige Anordnung von dicken Ästen, die neben der Leiche eine Art Tor bildeten, etwas mit dem Mord zu tun haben könnte. Außerdem fand man bei der Inspektion des weiteren Fundorts zehn vergrabene Badeanzüge und Mieder in verschiedenen Größen. Was soll das bedeuten? War hier ein Fetischist am Werk? Oder ein Verrückter? Petermann glaubt nicht, dass das Zusammentreffen dreier derart auffälliger Befunde an ein und demselben Ort ein Zufall ist.

Auch bei Horst Kukies, dem Leiter der OFA im Landeskriminalamt Hamburg, landen jene Fälle, die die Mordkommission aufgegeben hat. Zum Beispiel der jenes homosexuellen Greises, der 2003 erdrosselt auf seinem Bett in einem Altonaer Hochhaus lag. Die Kripo hatte im privaten Umfeld des Opfers recherchiert, ohne auf eine

Spur zu stoßen. Wird eine solche Ermittlung wieder aufgerollt, geht Kukies mit seinem OFA-Team für Wochen in Klausur. Niemals darf sich ein einzelner Beamter allein mit der Materie befassen. Das gehört zum polizeilichen Credo: Tatortanalyse vollzieht sich ausschließlich im Team. In Hamburg gehören vier Kriminalbeamte mit tatortanalytischer Zusatzausbildung dazu, ein Rechtsmediziner und eine Polizeipsychologin.

Sollen beispielsweise zwei Tötungsdelikte miteinander verglichen, soll also festgestellt werden, ob ein und derselbe Täter für beide Bluttaten infrage kommt, müssen zwei Teams gebildet werden, die sich mit je einem Verbrechen befassen. Dahinter steht die Überzeugung, dass eine Einzelperson immer dazu neigen wird, Analogien zwischen zwei Delikten wahrzunehmen und Unterschiede auszublenden. Von einer solchen Analyse sind bestenfalls verzerrte Ergebnisse zu erwarten, schlimmstenfalls Fehleinschätzungen.

Im Fall des Homosexuellen führte die Spur dank der Operativen Fallanalyse aus dem Freundeskreis des Toten heraus. Ein hastig in den Schrank gestopfter Schlafsack, der den ersten Ermittlern nicht aufgefallen war, wurde bei der zweiten Bearbeitung plötzlich zur zentralen Spur. Es stellte sich heraus: Der Schlafsack gehört nicht dem Opfer, ihm haftet fremde DNA an. Auch fehlten die Videobänder vom letzten Teneriffa-Urlaub des alten Mannes. Jetzt erschienen der Telefonanruf, der am Todestag vom Hamburger Busbahnhof beim Opfer eingegangen war, und das benutzte Gästebett in einem anderen Licht. Das OFA-Team stellte der Mordkommission nach Prüfung des Falles nun den neuen Ermittlungsansatz vor: Der Homosexuelle wurde höchstwahrscheinlich von einem jungen Mann umgebracht, den er im letzten Urlaub kennengelernt hatte. Die Hamburger Mordkommission stellt seither in Spanien und auf den Kanaren Erkundigungen an. Außerdem präsentierte die Kripo die neue Tatversion der OFA im März 2004 in der ZDF-Sendung *Aktenzeichen XY ... Ungelöst* und bat um Hinweise.

Horst Kukies traut seinen Erfolgen trotzdem nie ganz. Er hat als Todesermittler die Erfahrung gemacht, dass man sich manchmal gewiss ist, den Täter erwischt zu haben – und dann ist es doch ein anderer. Kürzlich war sich das OFA-Team bei der Analyse des Mordes an einer alten Frau sicher, in einem Nachbarn des Opfers auf den Täter gestoßen zu sein. Das Täterprofil passte hundertprozentig. »Er war es dann aber doch nicht«, sagt Kukies. Wer dann? »Ein Nachbar der alten Dame war es schon«, antwortet Kukies, »aber ein anderer!« Im winzigen Umfeld der Toten habe es tatsächlich zwei Männer gegeben, auf die das OFA-Profil genau passte: »Das gibt einem doch zu denken.«

Als Kukies noch Beamter bei der Mordkommission war, hatte er ein Schlüsselerlebnis: Ein Fünfjähriger war im Treppenhaus eines Mehrfamilienhauses tot aufgefunden worden. Das Kind war infolge von Tritten gegen den Kopf verstorben. Augenblicklich geriet der Vater in Verdacht: ein unbeherrschter arbeitsloser Alkoholiker, der beim Mittagessen einen heftigen Streit mit dem Sohn gehabt hatte. Der Kleine war aufgestanden und die Stiege hinuntergerannt. Der Vater war ihm brüllend ins Treppenhaus gefolgt. Wenige Minuten später fand jemand das tote Kind im Erdgeschoss. »Es konnte nur der Vater gewesen sein«, sagt Kukies. Und doch irrte die Mordkommission. Später stellte sich heraus, dass zufällig genau in dem Moment, als der Kleine die Stufen heruntergesprungen kam, ein psychisch kranker Mann, der unter Wahnvorstellungen litt, sich im Hauseingang vertan hatte und fälschlich in das Treppenhaus jenes Mietshauses geraten war. Er hatte sich von der herabpolternden Gestalt bedroht gefühlt und das Kind in einem Panikanfall getötet. Diese Geschichte, die sich ein schlechter Krimi-Autor ausgedacht haben könnte, ist wahr und wurde zum Menetekel des Horst Kukies. Er zieht seither immer in Erwägung, ob nicht alles auch ganz anders gewesen sein könnte. Auch deshalb hält Kukies es für »unverantwortlich«, wenn Profiler die Grenzen polizeilicher Ermittlungsarbeit überschreiten und als Sachverständige vor Gericht auftreten, um mit den Hypothesen des Profilings möglicherweise bei der Verurteilung eines Angeklagten mitzuwirken. »Ich wäre nie zur Mordkommission gegangen, wenn es in Deutschland die Todesstrafe gäbe«, sagt Kukies. »Man kann sich schrecklich irren.«

Ein Lustmord – oder doch nur eine blutige Inszenierung?

Der österreichische Sachverständige Thomas Müller hat da eine unverkrampftere Einstellung zur Fehlbarkeit der Tatortanalyse. Auch ficht ihn scheinbar nicht an, dass sich die Strafverfolgungsbehörden von ihm distanziert haben. Derzeit findet man ihn auf der Seite der Verteidigung wieder. Im Fall des Franz-Josef S. aus dem Sauerland sorgte er mit einem Gutachten, das diesmal die Unschuld eines Verurteilten ans Licht bringen soll, für Aufsehen in den Medien. 1983 war der Postangestellte S. vom Landgericht Arnsberg wegen Mordes an einer jungen Frau aus Oberhenneborn zu lebenslanger Freiheitsstrafe verurteilt worden. Er soll sie nachts nach einem Schützenfest nach Hause begleitet und, als sie seine Annäherungsversuche zurückwies, erschlagen haben. S. hat die Tat mehrmals gestanden, bei der Polizei und vor Ermittlungsrichtern. Er hat dabei Wissen offenbart, das nur der Täter haben konnte, wie einen Biss in die Brust des Opfers und das Abbrennen des weiblichen Schamhaars. Später im Prozess widerruft S. seine Geständnisse. Zwei Jahre nach diesem Mord geschieht ein zweiter. Diesmal ist das Opfer eine ältere Frau aus Niederhenneborn. Sie wurde in den frühen Morgenstunden in ihrem Pkw erwürgt. Der Wagen mit der Leiche steht an der B55. Die Bluse der Toten ist aufgerissen, die Strumpfhose heruntergezogen – alles sieht auf den ersten Blick nach Sexualmord aus. An der Leistengegend des Opfers hängen an einer Abklebefolie der Spurensicherung Fragmente versengter Körperhaare. Ein Täter wird nicht ermittelt.

Diesmal schaltet S.s Anwalt den Profiler Müller ein. Er will per Tatortanalyse nachweisen lassen, dass beide Verbrechen vom gleichen Lustmörder begangen worden sind und dass sein Mandant, der ja zum Zeitpunkt der zweiten Tat einsaß, also auch die erste nicht begangen haben konnte. Müller stellt in seinem Gutachten »auffällige Gemeinsamkeiten« zwischen den beiden Tötungsdelikten fest. Nicht nur ihre geografische Nähe, auch Besonderheiten der Tatbegehung ließen den Schluss zu, dass »mit hoher Wahrscheinlichkeit« derselbe Täter am Werk gewesen sei. Daraus sei auch der »Umkehrschluss zulässig«, nämlich dass der Verurteilte (also S.), der für die zweite Tat ja objektiv nicht infrage komme, auch als Täter beim ersten Mord »ausscheidet«.

Mit diesem Gutachten spickt S.s Verteidiger ein Wiederaufnahmegesuch, das die nachträgliche Freisprechung seines Mandanten bewirken soll. Gleichzeitig wird die Presse mobilisiert. S. wird als »Justizopfer« ein Fall für die Medien, die Rekonstruktion der Taten zur Denksportaufgabe für Journalisten. Der *Spiegel* ergreift vehement für den Inhaftierten Partei, Fernsehpfarrer Jürgen Fliege bittet zum pastoralen Gespräch vor die Kamera, das ZDF sendet gleich zwei ergreifende Filme über S.s tragisches Schicksal. Darin wird gezeigt, wie der Verteidiger den vor Glück fassungslosen Schwestern von Franz-Josef S. den Inhalt des Müllerschen Gutachtens verkündigt. Auch Müller selbst kommt im Beitrag als Kapazität zu Wort.

Doch der Freispruch durch ZDF und *Spiegel* ist übereilt. Am 6. Februar 2004 weist das Landgericht Siegen S.s Wiederaufnahmeantrag zurück. »Unrichtige bzw. ungesicherte Anknüpfungstatsachen« hätten den Sachverständigen Müller dazu verleitet, Übereinstimmungen der beiden Taten anzunehmen. Zuvor waren die Fachleute aus der Rechtsmedizin Münster, die zu den profiliertesten in Deutschland gehören, mit einem Vergleich der Tötungsdelikte in Oberhenneborn und Niederhenneborn beauftragt worden. Die Rechtsmediziner ziehen aus ihren Befunden einen ganz anderen Schluss als Müller aus den seinen: Zwischen den Taten bestünden erhebliche Unterschiede. Der zweite Mord sei wahrscheinlich gar kein Lustmord, sondern ein kaschiertes Privatdelikt, also lediglich die *Inszenierung* einer sexuellen Tat.

Verwunderlich wäre es ohnehin nicht, wenn ein Nachahmungstäter aus der Gegend sich vom Fall S. hätte inspirieren lassen. Denn die Einzelheiten dieses Tathergangs waren im überfüllten Sitzungssaal des Landgerichts Arnsberg öffentlich erörtert worden und auch in der Lokalpresse in großer Aufmachung nachzulesen.

Franz-Josef S. ist mittlerweile wieder auf freiem Fuß. 21 Jahre hat er abgesessen. Der psychiatrische Sachverständige stellte ihm eine gute Prognose, weil sich S. inzwischen in der Rolle des Justizopfers eingerichtet habe. Sie sichere ihm die Zuwendung der Angehörigen und die Anteilnahme der Medien und gebe ihm inneren Halt. S. selbst schreibt: »Nun weiß ich, was Jesus mitgemacht haben muss.« Für eine Frau, die ihn aus einer Menschenmenge heraus verfluchte, hätte er nur Mitleid empfunden und ihr am liebsten gesagt: »Frau, du weißt nicht, was du redest, schweig, damit du dich nicht versündigst.«

Profiling ist wie die Suche nach einem sicheren Ort im Weltall

Wohl ermutigt vom Medienwirbel um sein Gutachten in der Sache S., wendet sich Thomas Müller in seinen Veranstaltungshinweisen im Internet nun explizit als »Gerichtsgutachter« an die Berufsgruppe der Rechtsanwälte und fordert sie auf, »individuelle Fragestellungen« mit ihm ganz »persönlich zu diskutieren«. Auch den Herren aus der Wirtschaft bietet Müller an, mit seinem »psychologischen Spezialwissen Kundenprofile präziser erstellen zu können« und »Kaufentscheidungen besser verständlich« zu machen. »InteressentInnen« aus der Bevölkerung, die sich für seine »Grundzüge der Tatortanalyse« begeistern, lockt er im Internet: Bei seinen Vorträgen würden praktische Fallbeispiele anhand von Lichtbildern dargestellt, wobei auch »extrem deviante Verhaltensformen explizit gezeigt werden«. Neuerdings hat Müller ein weiteres vielversprechendes Betätigungsfeld aufgetan: Er erprobt seine Tatortanalyse an Patienten des Maßregelvollzugs.

Auch bei psychisch schwer gestörten und deshalb untergebrachten Straftätern müssen die Gerichte irgendwann entscheiden, ob man sie wieder in die Freiheit entlassen kann oder nicht. Für diese Entscheidung werden Gutachten forensischer Psychiater eingeholt, die sich zur Rückfallwahrscheinlichkeit solcher Patienten äußern sollen. Weil die Ärzte dabei oft gezwungen sind, sich mit den Tatortbefunden eines Probanden auseinanderzusetzen, um die von ihm vielleicht noch ausgehende Gefahr auszuloten, sind sie an Thomas Müller geraten. In Zusammenarbeit mit »Supervisory Special Agent« Robert Ressler, einem retirierten Colonel des FBI, Freund der Todesstrafe und Co-Autor jenes *Crime Classification* Manual, an das sich Müller bei seinen Gutachten hält, darf er derzeit Psychiater, Psychologen, Sozialarbeiter und Krankenpfleger aus ganz Deutschland im Westfälischen

Zentrum für Forensische Psychiatrie in Lippstadt-Eickelborn in Tatortanalyse-Kursen fortbilden.

Dabei riskiert Müller auch schon mal ein eigenes Prognosegutachten. Während des Lehrgangs im März 2003 in Eickelborn erklärte sich der Patient Udo T. bereit, dem Tatortanalytiker vor Zuschauern Rede und Antwort zu stehen. T. hatte 1990 im Wald eine zufällige Passantin erschossen, sie ins Dickicht geschleift, dort entkleidet und ihr mit einer leeren Flasche das Gesicht zerschlagen. Seit zehn Jahren sitzt er deshalb in der Psychiatrie. Von der Kooperation mit dem Tatortanalysekursus mag er sich eine positive Beurteilung durch die Ärzte versprochen haben. Im Gespräch mit Müller bestreitet T. die sexuelle Komponente der Tat und auch den Hieb mit der Flasche. Müller, der das Gerichtsurteil gelesen hat, glaubt T. nicht. Ohne erkennbaren Grund unterstellt er dem Patienten, die Unwahrheit zu sagen. Als Udo T. sich nach dem Gespräch erkundigt, was man jetzt von ihm halte, habe Müller mitgeteilt, er halte T. für »gefährlich«. Diese Einschätzung teilt Colonel Ressler, der kaum ein Wort Deutsch spricht und dem die Unterlagen und ein zweites Interview mit T. simultan übersetzt werden müssen. Die Mühe, ein schriftliches Gutachten über den Patienten T. anzufertigen, macht sich keiner der beiden Profiler. Trotzdem nimmt die Klinik aufgrund der oberflächlichen Statements des Polizisten-Duos die kleinen Lockerungen, die dem Patienten dank seiner positiven Entwicklung gewährt worden waren, wieder zurück.

Ein Sexualmörder muss es nicht zwangsläufig wieder tun. Es kommt vor, dass es bei einem einzigen Mord bleibt und der Täter nicht rückfällig wird. Um dieses absehen zu können, beschäftigen sich professionelle Gerichtsgutachter wie Hans-Ludwig Kröber, der den Lehrstuhl für Forensische Psychiatrie an der Universitätsklinik Berlin innehat, schon seit Langem mit Tatorten. Die Ermittler der OFA Berlin suchen bisweilen den Rat des Professors, wenn sie die Zeichen am Leichenfundort nicht deuten können. »Es geht in der Wissenschaft um die Eingrenzung des Zufalls«, sagt Kröber, »aber man darf nie die Alternativen ausschließen.« Um brauchbare Typisierungen von Tätern vornehmen zu können, sei noch eine lange kriminalpsychiatrische Forschung nötig: »In 400 Jahren können wir vielleicht Genaueres sagen.«

Und was hält er von der Tatortanalyse?

»Wer da mitmacht«, meint Kröber, »sieht, wie schwer es ist, im Weltall einen sicheren Ort zu finden. Man hat 1000 Informationen, und plötzlich merkt man, dass die entscheidende fehlt.« Kürzlich wurde Kröber von der OFA kontaktiert, es ging um den Mord an einer Maklerin. Sie lag enthauptet in einem Wassergraben, und aus ihrer Wohnung fehlte eine Elefantensammlung. »Was sagt uns das?«, fragt Kröber und zuckt die Achseln. Viele Taten seien so singulär, dass aus ihnen keine Schlüsse zu ziehen sind. Kröber denkt sich höchstens: Was mag das für ein ganz besonderer Mensch sein, der so etwas begeht?

Vielleicht wird er ja irgendwann gefasst.

»Tja«, versetzt der Psychiater, »dann bin ich gespannt.«

Aus: DIE ZEIT 16/2004, 7. April 2004, von Sabine Rückert

KINDSTOD NACH PLAN

Wie eine 33-jährige Frau ihre beiden Töchter absichtlich tötete, durch alle Raster staatlicher Ermittlung fiel – und sich am Ende selbst verriet

Immer wieder gab es Momente, in denen der Tod von Diana und Louisa hätte verhindert werden können. Einem aufmerksamen Auge wäre die Gefahr nicht entgangen. Aber im Umfeld der Marion K. gab es wenig Aufmerksamkeit. Im Abstand von neun Monaten hat Marion K. ihre beiden kleinen Töchter umgebracht, erst das Baby, dann die größere. Sie hat die Taten gestanden. In der Hauptverhandlung vor dem Landgericht Düsseldorf macht die 33-Jährige, wie sie da neben ihrer graumähnigen Anwältin kauert, einen ganz unspektakulären Eindruck. Man könnte sie für eine Verkäuferin im Supermarkt halten. Niemand käme darauf, die Abgründe, von denen im Prozess die Rede ist, mit einer derart harmlosen Erscheinung in Verbindung zu bringen. So ist das häufig bei Frauen, die angeklagt sind, ihre Kinder auf grausame

Weise ermordet zu haben: Das Prozesspublikum erwartet eine Unholdin, und auf der Anklagebank sitzt ein armes Weib.

Der Einzige, der alles kommen sah, war der Nigerianer Sunday C., der ehemalige Lebensgefährte von Marion K. Die erstgeborene Tochter Diana ist sein Kind. 2002 zieht er mit Marion zusammen, schon bald fürchtet er um das Baby. Pausenlos alarmiert er telefonisch Marions Eltern: Sie lässt die Kleine hungern, klagt er. Sie lässt sie allein auf dem Wickeltisch liegen, sie liebt das Kind nicht, man muss was unternehmen. Marions Eltern glauben ihm nicht. Sunday ist Schwarz, er will Asyl, vielleicht deshalb. Am 12. Januar 2003 entgleist die Beziehung. Wieder geht es um Marions Umgang mit dem Kind. Zwischen den jungen Eltern kommt es zu einer hasserfüllten Auseinandersetzung, an deren Ende Marion K. droht, sie werde das Gas aufdrehen. Aus Angst um sein kleines Mädchen ruft Sunday nach der Polizei. Beamte rücken an, sehen aber eher im aufgewühlten Sunday das Problem. »Der ist verrückt«, sagt Marion K. ruhig, und die Polizisten glauben ihr. Sunday kann sich nicht ausweisen und ist illegal in Nordrhein-Westfalen. Er wird der Wohnung verwiesen. Am Rande des Nervenzusammenbruchs reißt der Nigerianer seine acht Monate alte Tochter an sich. Er nimmt ein Messer und droht: *»I am killing me and the baby, if the police doesn't let us go!«* Diese Verzweiflungstat wird Sunday C. zum Verhängnis. Er wird festgenommen und am 5. Februar 2003 nach Afrika abgeschoben. Damit war der einzige Mensch, der wusste, wie es um Marion K. steht und der auf die von ihr ausgehende Gefahr hingewiesen hatte, aufgrund staatlicher Maßnahmen aus dem Weg geräumt. Marion K. ist froh darüber, und die kleine Diana bleibt mit ihrer Mutter allein zurück. Sie hat noch anderthalb Jahre zu leben.

Im Oktober 2003 bekommt Marion K. ein zweites Kind, wieder ein Schwarzes Mädchen. Die Geburt kommt überraschend, niemand hat gewusst, dass Marion wieder schwanger war. Auch sie selbst habe ihren Zustand nicht wahrhaben wollen, sagt die Angeklagte. Sie habe Alkohol getrunken, nicht ein einziges Mal den Frauenarzt aufgesucht und ihre Leibesfülle der Umwelt mit angeblicher Fresslust erklärt. Die Geburt vollzieht sie zu Hause auf dem Teppich, Marion K. fühlt sich währenddessen »abwesend«. Sie habe es geschehen lassen. Hinterher ruft sie den Rettungswagen. Die Ärzte fragen: Wer ist der Vater? Wo ist der Mutterpass? Dass beides fehlt, dass keine Windel, kein Strampler und schon gar kein Kinderwagen da ist, veranlasst keinen von ihnen zu Nachfragen. Sie nehmen die blutende Mutter und das unterkühlte Kind mit in die Klinik. Marion K. möchte das Neugeborene sofort zur Adoption freigeben. Doch Helmut K., ihr Vater, will davon nichts hören. »Die wird behalten und erzogen«, bestimmt er. Also macht Marion die Adoptionsfreigabe rückgängig. Dem väterlichen Willen hält sie nicht stand. »Ich war ganz allein«, versucht sie zu erklären. Als sie mit Louisa heimgeht, hat das Kind noch drei Wochen zu leben.

Marion K. schont sich nicht, als sie den Tod der Kinder schildert. Zuerst trifft es Louisa, weil sie die ganze Zeit nach ihrer Mutter schreit. Nur auf dem Arm ist Ruhe, diese Nähe aber kann Frau K. nicht ertragen. In den frühen Morgenstunden des 8. November 2003 füttert sie den quäkenden Säugling, als sie ihn hinlegt, fängt er wieder an. »Da hat es klick gemacht«, sagt Marion K., es folgt eine lange Pause. Dann berichtet sie alles: Sie dreht das Baby auf den Bauch und türmt zwei Decken, mehrfach zu einem »Klumpen« gefaltet, auf den kindlichen Kopf. Sie achtet darauf, dass die Atemöffnungen verlegt sind, trotzdem dauert es über zwei Stunden, bis Louisas Schreie endlich leiser werden und verstummen. Marion K. liegt daneben im Bett, hört ihrem Kind beim Sterben zu und nickt dabei hin und wieder ein. Gegen vier Uhr herrscht Stille. Sie räumt die Decken ab, Louisa ist steif, verschwitzt und tot. »Ich rief den Notarzt und gab mich als erstaunte Mutter aus, die aus heiterem Himmel ihr Kind verloren hat«. – »Was fühlten Sie, als Sie den Tod des Kindes feststellten?«, will der Vorsitzende wissen. »Erleichterung.« Dass Louisa keines natürlichen Todes starb, bleibt unbemerkt. Weder bei der Polizei noch bei der Gerichtsmedizin kommt ein Verdacht auf. Am kindlichen Leichnam sind – wie das beim Ersticken häufiger vorkommt – keinerlei Auffälligkeiten zu erkennen, deshalb rutscht die Tötung als plötzlicher Kindstod durch alle Raster staatlicher Ermittlung.

Vater der verstorbenen Louisa war der Lagerist Emenike E., ebenfalls Nigerianer und ein guter Freund von Sunday. Noch während der in Abschiebehaft saß, wurde er zum neuen Liebhaber der Marion K. Sie sagt, er habe nach der Geburt des Kindes keinerlei Anstalten gemacht, sich von seiner deutschen Frau zu trennen und bei ihr zu bleiben. »Er war wieder bloß ein Afrikaner, der nicht zu mir hält«, stellt die Angeklagte fest und wischt sich die Augen. Der Gescholtene hat die Sache allerdings anders in Erinnerung. Marion habe ihm nie auch nur angedeutet, dass er Louisas Vater sein könnte, beteuert Emenike E. als Zeuge. Er hätte sich darüber gefreut, denn er sei kinderlos und werde bald 40: »In Afrika hat man in diesem Alter neun bis zwölf Kinder.« Auch über eine Ehe mit Marion habe er kein Wort verloren. Sie habe nämlich noch Beziehungen zu zwei Kenianern gepflegt. Nie habe er gewusst, woran er bei ihr ist. »Was ihr auf der Seele brannte, sprach sie nicht aus«, sagt E., »sie hat mir nicht erlaubt, ihr nahe zu sein.« Von Louisas Tod wurde Emenike E. nur kurz und kalt informiert, danach war Marions Handy abgestellt. Später habe sie noch einmal angerufen und ihn gebeten zu kommen. Er habe geklingelt, aber niemand habe geöffnet, obwohl in der Wohnung Licht brannte und er Marion durchs Fenster sehen konnte. »Da habe ich mich gefragt«, sagt E., »ob sie vielleicht ein psychologisches Problem hat.«

Nach Louisas Tod schöpft die Mutter Hoffnung. Vor der Isolation rettet sie sich zu ihren Eltern. Fast jeden Tag kommt Frau K. jetzt mit Diana zu Besuch, andere Ansprechpartner oder Freunde hat sie nicht. Sie lebt von Sozialhilfe und weiß, dass auch die eigenen Eltern nichts von ihr halten. Deshalb hat sie selbst vor ihnen die zweite Schwangerschaft verheimlicht. Ihrer Mutter, sagt Marion K., könne man nichts anvertrauen, die erzähle alles in der Nachbarschaft herum und gebe viel auf die Meinung fremder Leute. Ihr Vater habe sich vor allem abwertend über seine Tochter geäußert: »Du taugst nix, du bist nix, du bist eine Null.« Und später habe es geheißen: »Du bist zu dick für einen deutschen Mann, höchstens die Schwarzen stehen da drauf.« Auch von den Schwarzen Babys seien die Großeltern anfangs wenig begeistert gewesen, hätten sich aber schließlich an sie gewöhnt.

Deshalb gibt Marion K. die zweieinhalbjährige Diana in die Obhut von Oma und Opa, als sie im Juli 2004 wieder arbeiten geht. Über eine Zeitarbeitsfirma hat sie einen Job in einer Parfümfabrik ergattert. Dort stöpselt sie Flakons zu, und es macht ihr Freude. Sie ist wieder unter Menschen, es geht aufwärts. Doch schon nach vier Tagen wird den Großeltern die Belastung durch die Enkelin zu viel. Und nach neun Tagen wird Marion K. gekündigt: Ihre Firma wird ins Ausland verlegt. Der Vater glaubt das nicht, er hält die Sache mit dem Firmenumzug für eine faule Ausrede seiner faulen Tochter. Es kommt zum Krach. Niedergeschmettert vom Rausschmiss, habe ihr dieser ungerechte Vorwurf den Rest gegeben, sagt Marion K. Sie verlässt ihr Elternhaus und bricht damit ihren letzten sozialen Kontakt ab. Zwei Wochen lang verlässt sie ihre Wohnung nicht. Der Haushalt verkommt, sie selbst liegt im Bett und starrt an die Decke. Anfangs kümmert sie sich noch um Diana, doch am Morgen des 5. August 2004 stellt sie auch die Versorgung des Kindes ein. »Ich ließ es einfach liegen und tat, als sei es nicht da«, sagt Marion K.

Sie erdrosselt ihr Kind, »um dem Übel ein Ende zu bereiten«

Diana wird nicht mehr gewickelt, nicht mehr gefüttert, sie bleibt eingesperrt in ihrem Gitterbett und ruft nach der Mama. Sie ruft und ruft, aber niemand kommt. Nach zwei Tagen kann Marion K. es nicht mehr hören, sie bringt Diana ein Fläschchen. Das Kind liegt »sehr, sehr schwach« im Bettchen, trinkt hastig und erbricht. Da nimmt Marion K. ein Tuch, rollt es auf und drosselt das Kind, »um dem Übel ein Ende zu machen«. – »Was war denn das Übel?«, unterbricht der Vorsitzende. »Das Übel war, dass sie noch nicht tot war.«

Zehn Minuten drosselt die Mutter ihr Kind, »es war eine Ewigkeit«, dann wird die Gegenwehr schwächer, und Marion K. lässt los. Doch das kleine Mädchen lebt noch. Zwei Stunden liegt es in seinem Bett und röchelt. Nebenan sitzt die Mutter vor dem Fernsehapparat, bloß manchmal schaut sie nach, ob der Tod schon da ist. Als der Pulsschlag erloschen ist, schreibt sie in den Kalender unter das Datum vom 7. August 2004: »Diana 7.30 Uhr verstorben«. Erst abends ruft sie die Polizei. Die Beamten finden keine haareraufende Mutter vor, sondern eine »sehr abgeklärte«, manchmal in sich hineinlachende Frau. Es sei schon das zweite Kind, sagt sie, auch beim ersten habe man nichts feststellen können. Tatsächlich finden sich an der Kinderleiche keine Gewaltspuren. Trotzdem, sagen die Polizisten, hätten sie das Gefühl gehabt: »Da stimmt was nicht.« Die ganze Wohnung sei von fast klinischer Sauberkeit gewesen, keine Hose hing überm Stuhl, die Teddys saßen wie arrangiert, der

Zwei Stunden liegt Diana in ihrem Bett und röchelt

Teppich war so rigoros gestaubsaugt, dass die Schuhe der Beamten Spuren hinterließen. Dazwischen die frisch geduschte Mutter, von der eine gespenstische Gelassenheit ausging.

Auch die Obduktion der Diana bringt keine Klarheit. Die Rechtsmediziner entdecken zwar ein paar winzige Einblutungen an der Schläfe und im Augenweiß, aber kein Zeichen von Gewalt. Die Angaben der Mutter, Diana habe beim Fläschchengeben geröchelt und dann das Bewusstsein verloren, können nicht widerlegt werden. Fast wäre die Rechnung der Marion K. – die sich durch reibungslose Beseitigung Louisas ermutigt fühlte, auch die größere Tochter umzubringen – aufgegangen. Fast wäre sie davongekommen.

Dass sie nicht davonkommt, dafür sorgt sie selbst. Als Kriminalbeamte Marion K. vernehmen und auf Widersprüche in ihrer Aussage hinweisen, sagt sie nicht: »Ich schweige«, auch nicht: »Ich will einen Anwalt.« Sie gesteht. Ohne Tränen, ohne Zeichen der Reue beichtet sie ihre schrecklichen Taten, die ihr niemand hätte nachweisen können. Doch zum ersten Mal seit langer Zeit haben sich Menschen – und sei es auch aus professionellen Gründen – ihr zugewandt, reden mit ihr, interessieren sich für sie, sind ein klein wenig nett.

Wie die Angeklagte in diesen desperaten Zustand geraten sein mag, erschließt sich, als ihre Eltern vor Gericht als Zeugen erscheinen. Die Mutter Ursula K., eine kleine, füllige Hausfrau, verweigert die Aussage, bleibt aber als eine Art Fleisch gewordenes Menetekel im Saal und pflanzt sich – ostentativ an ihrer Tochter vorbeiblickend – in die erste Reihe. Der Vater Helmut K., 63 Jahre, ehemals Meister der Fertigung in einer Elektronikfirma, eröffnet seine Zeugenaussage mit den Worten: »Tochter Marion war von Anfang an verlogen, feige und verantwortungslos.« Da wird klar, zu welchem Zweck die beiden gekommen sind: Sie wollen ihr Kind niedermachen. Die Nachbarn, die Presse, die Welt – alle sollen wissen, dass die Eltern K. wackere Bürger sind, die das Schicksal mit einer missratenen Tochter geschlagen hat.

Eher aus Versehen und auf Nachfragen der Richter und Gutachter hin rutscht dem Vater am Rande seiner Generalabrechnung doch einiges über das traurige Leben der Angeklagten heraus: Marion K. wächst unter der Obhut einer schwer depressiven Mutter auf, die tagelang ihr abgedunkeltes Zimmer nicht verlässt. Später verschwindet die Frau regelmäßig über Wochen in der Psychiatrie, das Kind bleibt sich selbst überlassen. »An wen wandte sich Ihre Tochter, wenn sie Kummer hatte?«, will der psychiatrische Sachverständige vom Vater wissen. »Kummer?«, fragt der zurück, als sei das ein Wort aus dem Arabischen. Marion fängt an, sich vollzustopfen, wird unförmig, sie vereinsamt, niemand spielt mit ihr, auf dem Schulhof steht sie immer allein. Noch als Zehnjährige nässt sie ein, sie lügt, stiehlt, verkriecht sich, beim nichtigsten Anlass bekommt sie Tobsuchtsanfälle. Wenn die Tochter herumschreit, schließen die Eltern die Fenster, wegen der Nach-

Ihre Anwältin argumentiert gegen den Mordvorwurf – mit Erfolg

barn. Dass das Kind professioneller Hilfe bedarf, sieht niemand.

Mit 13 Jahren hat Marion ihren ersten Freund, einen Bangladescher, den sie später fälschlich der Vergewaltigung bezichtigt. Danach wechseln sich die Männer ab, kaum eine Beziehung hält länger als sechs Wochen. Obwohl Marion normal intelligent ist, scheitert sie auch beruflich dauernd. Fast jede Stelle wird ihr gekündigt, weil sie unzuverlässig ist oder in die Kasse greift. »Auch das mit Sunday ist erwartungsgemäß schiefgegangen«, konstatiert der Vater, mit »Tochter Marion« könne es eben keiner aushalten. Und nun auch noch zwei tote Enkel. Die Eltern haben ihrer Tochter ins Gefängnis geschrieben: »Von deiner Familie hast du nichts mehr zu erwarten. Deine Enterbung haben wir eingeleitet.« Die Angeklagte sitzt reglos im Hagelschlag der Worte, nur hin und wieder schnäuzt sie sich. Es scheint, als sei sie das alles gewohnt. »Ich hatte immer nur meine Eltern«, hat sie dem Gericht zuvor gesagt, »dass ich die jetzt verloren habe, ist für mich das Schlimmste.«

Eine kranke Seele

Der Düsseldorfer Nervenarzt Martin Platzek hat die Angeklagte ausführlich untersucht und eine kranke Seele gefunden. Marion K., sagt er, leide unter einer emotional instabilen Persönlichkeitsstörung vom Borderline-Typus, einer Krankheit, die zwischen hochgradiger Neurose und Psychose angesiedelt ist. Früher habe man solche Menschen als »haltlos« oder »sozial schwachsinnig« bezeichnet. In der Angeklagten herrsche eine Wüste aus Sprachlosigkeit und quälender Gefühlsleere, die sie allein durch selbst gemachte Kicks wie Diebstähle oder oberflächliche Sexualerlebnisse ertragen könne. Die Existenz der beiden Kinder habe Marion K. daran gehindert, mithilfe der bewährten Strategien weiter zu überleben. Unter den Mutterpflichten sei ihr mühsames Konstrukt der inneren Stabilisierung zusammengebrochen. Deshalb sei die Mutterschaft für Frau K. nichts anderes gewesen als ein »völlig unerträglicher Zustand«, sagt der Sachverständige, und der Tod der Kinder die »Lösung eines schwerwiegenden Problems«.

Die Anwältin Silvia Oster argumentiert in ihrem Plädoyer gegen den Mordvorwurf. Das Strafmaß orientiere sich an der Schuld eines Täters, sagt sie, ihre Mandantin aber sei keine berechnende Mörderin, sondern eine kranke und sehr einsame Frau. Die Tat, sagt Oster, sei eine »lang absehbare Katastrophe« gewesen. Am 15. April 2005 verurteilt das Landgericht Düsseldorf die Angeklagte wegen Totschlags in zwei Fällen zu einer Freiheitsstrafe von 15 Jahren. Ein faires Urteil. Und ein weitsichtiges. Marion K. wird keine Kinder mehr bekommen können, wenn sie dereinst entlassen wird.

Aus: DIE ZEIT 19/2005, 4. Mai 2005, von Sabine Rückert

DER ANGEKLAGTE RICHTER

So einen Prozess gab es hierzulande noch nie: Ein Justizbeamter soll Juraklausuren gegen Geld und Sex an Prüflinge verkauft haben. Sichtbar wird ein fragwürdiges System

Ausgerechnet ein Richter wird sie zum Delikt ihres Lebens anstiften. Es ist ein Tag im März 2014, als sich die Referendarin mit dem Richter Jörg L. in dessen Büro trifft. Der Raum liegt im niedersächsischen Landesjustizprüfungsamt in Celle. Hier nimmt Özlem G. zweimal pro Woche an einem Vorbereitungskurs für das Zweite Staatsexamen teil. Ein paar Monate zuvor ist sie bei der Staatsexamensprüfung bereits durchgefallen. Es ist also ihre letzte Chance.

Jura ist ein hartes Fach. Jahrelang büffeln Studenten Paragrafen, am Ende entscheiden zwei Prüfungen, das Erste und das Zweite Staatsexamen, über ihre Zukunft. Beide dürfen nur einmal wiederholt werden. Wer gut abschneidet, steht vor einer Karriere in einer Topkanzlei oder im Staatsdienst. Wer durchfällt, steht vor dem Nichts. Ausnahmen gibt es kaum. Auch nicht für Özlem G., deren Mutter vor ein paar Wochen schwer krank geworden ist. Özlem ist ihre einzige Tochter.

Deshalb sitzt sie jetzt hier, in diesem Büro, bei diesem Jörg L., der immer da ist für die Nöte der Referendare. Er nimmt in Celle nicht nur die Prüfungen ab, er hat auch den Vorbereitungskurs entworfen und leitet ihn. Özlem G. erzählt ihm von ihrer Mutter, dem Druck, der letzten Chance. Jörg L. sagt, er verstehe sie gut. Seine Mutter sei auch sehr krank gewesen und gestorben. Jetzt, behauptet er, sei gerade seine Frau erkrankt. Dann fragt er: »Was wollen Sie machen?«

»Ich will trotzdem schreiben, unbedingt«, antwortet Özlem G. »Ich bin schon 30.«

»Sie werden nicht bestehen«, prophezeit L. »Die Klausuren für das Examen sind zu schwierig.«

In Özlem G. steigt Panik auf. Jörg L. spricht weiter: »Ich kann Ihnen helfen. Ich kann Ihnen vier der Klausuren vorher geben, auch mehr, wenn Sie wollen.«

L. wirkt dabei ganz ruhig. Dann redet er über seine Frau und sagt, dass er mit ihr eine »letzte Reise« machen wolle. »Sie wissen doch, wie viel so eine Reise kostet.« Zum Abschied gibt er ihr noch eine Drohung mit auf den Weg: Wenn die Referendarin jemandem von diesem Angebot erzählen sollte, werde er sie verklagen. Wegen Verleumdung.

Özlem G. taumelt aus dem Prüfungsamt. Sie hat Angst. Vor Jörg L., vor der Prüfung. Gleichzeitig muss sie an sein

Angebot denken. Mit vier Klausuren hätte sie auch das Examen bestanden.

Neun Monate später sitzt der Richter, der Özlem G. das unmoralische Angebot gemacht hat, als Angeklagter im Lüneburger Landgericht. Ein großer, breitschultriger Mann mit Vollbart und dichtem dunkelgrauen Haar. Auch im Anzug und mit schwarz gerahmter Lesebrille hat Jörg L. die Aura eines freundlichen Holzfällers. Ein Mann, der im Leben steht, an den man sich anlehnen kann. Und: ein Richter. An manchen Tagen hat er die Strafprozessordnung vor sich liegen oder Dokumente, auf die er Notizen an seine Verteidiger Oliver Sahan und Johannes Altenburg schreibt. An anderen Tagen hört er den Zeugenaussagen bloß zu. Jörg L., ein kundiger Beobachter des eigenen Hauptverfahrens. Ein Richter, angeklagt wegen Nötigung, Bestechung und Verrat von Dienstgeheimnissen.

So einen Prozess hat es in Deutschland noch nie gegeben. Vordergründig geht es darum, dass L. laut Anklage zwölf Referendaren zwischen März 2012 und März 2014 Aufgaben und Lösungen fürs Zweite Staatsexamen angeboten hat – mal gegen Geld, mal gegen sexuelle Dienste. Doch werden hier nicht nur Schicksale verhandelt, sondern auch die dazugehörigen Institutionen: Angeklagt ist auch das Jurastudium, das junge Menschen derart unter Druck setzt. Das Staatsexamen, das Prüfer zu allmächtigen Autoritäten macht. Und eine Justiz, die nun gegen sich selbst ermitteln muss.

In diesem Prozess kennen sich alle Beteiligten aus mit der Situation der Referendare. Die Vorsitzende Richterin

Sabine Philipp arbeitete einst als Prüferin, der Verteidiger als Repetitor, der Gerichtssprecher war sogar beides. Jörg L. drohen mehrere Jahre Haft.

Das Gericht befindet sich im ehemaligen Lüneburger Schloss am Marktplatz. Das Gefängnis, in dem Jörg L. sitzt, liegt direkt daneben. Einmal pro Woche kommt seine Frau für eine halbe Stunde zu Besuch. Der 48-jährige Richter stammt aus dem Kreis Schaumburg-Lippe. Nach dem Abitur zog er nach Wuppertal, um eine Ausbildung bei einem Elektrogerätehersteller zu beginnen, für den auch schon sein Vater arbeitete. Jörg L. nahm sich eine kleine Wohnung in der Nähe der Firma und heiratete. Eine Kleinbürger-Idylle, so eng wie das Tal um die Wupper.

Eine Klausur für 3000 Euro

Erst ein Unfall brachte Jörg L. auf die Idee, seinem Leben eine andere Richtung zu geben. »Nach dem Krankenhausaufenthalt erzählte er, dass er zwei Richter kennengelernt hat«, erinnert sich ein Freund gegenüber der *ZEIT*. »Dass die einen Traumjob hätten, weil die sich nicht kaputtarbeiten müssen. Und Richter, ja, das war natürlich schon was!«

Nach der Ausbildung studiert Jörg L. also Jura. Das Fach liegt ihm, die Noten sind gut, und tatsächlich wird er erst Richter am Landgericht Stade und dann am Amtsgericht Dannenberg. Nebenbei arbeitet er in Hamburg als Repetitor, eine Art Nachhilfelehrer für angehende Juristen. Dort bereitet er Referendare auf das Zweite Staatsexamen vor. Er unterrichtet Zivilrecht, in seinen Klassen sitzen 25 Teilnehmer. »Es ist das schwerste Fachgebiet, aber er hatte die Gabe, das sympathisch, verbindlich, unterhaltsam rüberzubringen«, sagt Sören C., der Jörg L. bei seiner Repetitoren-Firma eingestellt hat und ihn einen »Leistungsträger« nennt: immer zuverlässig und loyal. C. ist ein spitzgliedriger Mann ohne Gesichtsfarbe, aber mit exakten Sätzen.

Bis zu 2000 Euro zahlen Studenten für die Extravorbereitung auf das Erste Staatsexamen. 180 Euro im Monat kosten die halbjährigen Vorbereitungskurse für das Zweite Staatsexamen bei Sören C.s Repetitorium. Die Angst vor dem Durchfallen sorgt für ein Millionengeschäft. Denn das Jurastudium ist nicht nur einzigartig, was den Stress angeht. Es ist auch das einzige Studium, bei dem akzeptiert wird, dass es nicht ausreichend auf die Prüfungen vorbereitet. »Dieses System produziert viele unglückliche Menschen«, sagt Sören C. Der Druck übertrage sich von den Kursteilnehmern auf die Repetitoren. Viel Arbeit, hohe Erwartungen. »In zehn Jahren habe ich drei Leute gefunden, die ich dauerhaft einstellen konnte«, sagt C. Einer davon war Jörg L. »Seine Kurse waren immer voll – man wählt den Repetitor, dessen Jünger man ist.«

Jörg L. erscheint als Heilsbringer, jedenfalls seinen Kursteilnehmern. Es ist eine Rolle wie für ihn geschaffen. Aus dem Kleinbürger wird eine staatliche Autorität. Auch privat lässt er die Enge seiner Herkunft hinter sich. Er heiratet zum zweiten Mal, wird Vater eines Sohnes. Mit seiner Frau kauft er ein Jugendstilhaus in Wustrow, einem Dorf im Wendland, zur Arbeit fährt er mit einem älteren Porsche.

2011 wechselt Jörg L. an das Landesjustizprüfungsamt in Celle, eine kleine Behörde mit 23 Mitarbeitern und sieben hauptamtlichen Prüfern, die mit Personalmangel kämpft. L. ist jetzt als Referatsleiter für die Staatsexamensprüfungen zuständig, er bereitet Klausuren vor und korrigiert sie. Obwohl er in seiner Funktion laut einem früheren Kollegen kein hauptamtlicher Prüfer ist, springt er oft und gerne bei Prüfungen ein. »Die Zusammenarbeit«, sagt der Kollege vor Gericht, »war sehr vertrauensvoll.«

In der Behörde fällt der ehemalige Richter zunächst als ambitionierter Reformer auf. Er hat einen tadellosen Ruf und beste Kontakte. Er richtet eine spezielle Arbeitsgruppe für jene Referendare ein, die schon einmal durchs Zweite Staatsexamen gefallen sind und sich neu vorbereiten wollen. Viele derjenigen, denen er später Klausuren anbietet, lernt er in diesem Kurs kennen. In anderen Bundesländern wie Hamburg ist so eine Verschränkung von Prüfungstätigkeit und Kursvorbereitung nicht erlaubt. In Celle aber besteht die einzige Vorsichtsmaßnahme darin, dass Jörg L. seinen Job als Repetitor mit dem Eintritt in die Behörde aufgeben muss. Die Zusammenarbeit ist tatsächlich vertrauensvoll. Zu vertrauensvoll.

Katharina S., eine Kursteilnehmerin von damals, beschreibt Jörg L. der *ZEIT* gegenüber als einen Lehrer, der sich scheinbar wirklich für seine Referendare interessierte. Der nachfragte, wie es einem gehe, ob man mit dem Lernen vorankomme, welche Pläne nach dem Studium anstünden. »Ich habe stets ein offenes Ohr und eine offene Tür«, soll er gesagt haben. Nur eines fand Katharina S. seltsam: »Er konnte einem beim Reden nie in die Augen schauen.« Auch ihr hat er Klausuren angeboten, für 3000 Euro das Stück. Sie lehnte das Angebot ab. Und meldete sich für die Prüfungen krank.

Das Prüfungsamt in Celle ist dem niedersächsischen Justizministerium unterstellt. Es liegt im Zentrum der Stadt; ein langer Kasten mit großen Panoramafenstern. Ein Gebäude mit Anspruch auf Transparenz. »Jörg L.«, sagt der Staatssekretär Wolfgang Scheibel, »galt als Spitzenmann des Prüfungsamts.« Das niedersächsische Justizministerium wollte ihn im Frühjahr 2014 sogar befördern. Jetzt, ein Jahr später, sprechen sie voll Wut über den früheren Kollegen. Sie fühlen sich belogen und benutzt.

Der Staatssekretär Scheibel ist ein Mittfünfziger mit hoher Stirn und roter Krawatte. Ein Beamter, der immer noch ein bisschen fassungslos wirkt, wenn er von der unglaublichsten Geschichte seiner Karriere erzählt. Nur Wochen nachdem er im Februar 2013 seinen Posten übernimmt, geschehen die ersten Merkwürdigkeiten bei den Prüfungen zum Zweiten Staatsexamen. Ein Referendar, der den größten Teil der Vorbereitungsphase verstreichen ließ, hält einen exzellenten Aktenvortrag, stottert bei den Nachfragen der mündlichen Prüfung aber herum. In einer schriftlichen Klausur verwendet er Überschriften, die mit denen aus der Lösungsskizze übereinstimmen. Hat er die Aufgaben für den Vortrag etwa zugesteckt bekommen? Gibt es einen Hacker? Einen Maulwurf?

Das Justizministerium ordnet an, alle Klausurdokumente zu verschlüsseln und auf einen Server zu verschieben, auf den nur einige wenige Eingeweihte zugreifen können. Die Staatsanwaltschaft beginnt zu ermitteln, findet aber nichts. Dass einer seiner Beamten im Prüfungsamt ein Betrüger sein könnte, findet Scheibel »unvorstellbar«. Als sei es ein Gesetz, dass Juristen keine Gesetze brechen.

Es ist auch dieses Selbstverständnis, das es Jörg L. ermöglichte, so lange ungestört unheilvoll zu wirken. Ein Selbstverständnis, das an Selbstgefälligkeit grenzt. Denn der Fall L. erhellt nicht nur den Verrat eines Mannes an seinem Berufsstand, sondern auch das System Jura. Wer dazugehört, dem wird vertraut – ob als Prüfer oder Richter. Wer dazugehören will, muss hohe Mauern überwinden. Dass das Jurastudium als Chance für den sozialen Aufstieg gilt, verschärft die Situation zusätzlich. Von den Referendaren, die sich auf Jörg L. einließen, sind die meisten Einwandererkinder. Es sind jene, die besonders hart fallen, wenn die Note schlecht ist.

Ein Jahr später verdichten sich die Merkwürdigkeiten zu einem Verdacht. Eine niedersächsische Referendarin meldet, dass ihr ein Hamburger Repetitor angeboten habe, über einen Bekannten im Prüfungsamt Lösungsskizzen für die Klausuren zu organisieren. Der fragliche Repetitor soll nach Ansicht der Fahnder Sören C. sein, der seinerseits gegenüber der *ZEIT* das alles nicht kommentieren will. Auch einen Verdächtigen im Prüfungsamt haben die Ermittler recht schnell ausgemacht: Jörg L. Als Scheibel deshalb den Vizepräsidenten des Prüfungsamtes anruft, betritt ausgerechnet Jörg L. zufällig dessen Büro. So bekommt L. sogar mit, dass nach einem Leck gesucht wird. Und doch macht er weiter.

Es läuft auf eine regelrechte Observierung hinaus: Wenn ihm die Polizei auf der Straße folgt, schüttelt L. sie ab, indem er in ein Parkhaus fährt. Weil sein Telefon überwacht wird, besorgt er sich laut Polizei Prepaid-Karten, die nach 120 Tagen verfallen. Die Anschlüsse sind auf Namen wie »Thomas Voss«, »Max Schulze« oder »Murat Yilderim« registriert. Er nutzt sie, um mit seinen Referendaren über Geld zu verhandeln, um mit Sören C. in Hamburg zu kommunizieren, um seiner Geliebten Liebesgrüße zu schicken oder um Prostituierte zu bestellen, mit denen er in teuren Hotels übernachtet. Wie die Ermittlungsleiterin des LKA Niedersachsen als Zeugin berichtet, hat L. einer peruanischen Prostituierten einmal 1000 Euro für einen Heimflug gegeben. Nebenher hat er verschiedene Affären, auch mit Referendarinnen. Mindestens eine davon bekommt dafür Prüfungsaufgaben.

Gleichzeitig fährt er jeden Tag in sein Büro, hat Tipps zur Verschärfung der Sicherheitsmaßnahmen, nimmt Prüfungen ab und fragt im Justizministerium nach, warum es mit seiner Beförderung so lange dauert. Zu Hause in Wustrow gibt er den Ehemann und Familienvater.

L.s Verhalten lässt die Ermittler immer noch rätseln. Ist Jörg L. ein engagierter Jurist, der sich auf kriminelle Abwege verirrte? Oder ein abgezockter Betrüger, der von seiner Frau über seine Kollegen bis zur Polizei alle hintergeht? Und wieso riskiert er für ein paar Tausend Euro und etwas Sex alles, was er aufgebaut hat? Ein Anwalt, der einer der Referendarinnen beisteht, sagt: »Größenwahn. Er hat die Macht genossen, die er über andere hatte.«

Am Donnerstag, dem 20. März, klingelt Jörg L. an

der Tür von Özlem G. Sie ist allein zu Hause. Ihr Mann arbeitet. Der Prüfer tritt ein, sie führt ihn in die Küche. Er setzt sich an den Esstisch. Möchten Sie einen Kaffee? »Gerne!«, antwortet er. Sie hat viele schlaflose Nächte verbracht, bevor sie ihm die verhängnisvolle SMS schickte. Sie schaut ihn an. Jörg L. ist ein großer Mann, Özlem G. reicht ihm höchstens bis zur Brust. Sie hat ein Pfefferspray griffbereit. Aber Jörg L. droht nicht, er fragt nach ihrer Mutter, erzählt Geschichten von seiner Ehefrau. Schwer lungenkrank sei sie, weil seit 30 Jahren Raucherin. Irgendwann kommt er auf die Klausuren. Sie gibt ihm das Geld: 3200 Euro, gestohlen vom Sparbuch ihrer kranken Mutter, dazu Gehalt und Weihnachtsgeld, insgesamt 5000 Euro. Er steckt es ein, ohne Nachzählen.

Jörg L. verlässt die Wohnung, Augenblicke später kehrt er mit einer Tasche zurück. Darin die Musterlösungen. Auf den Blättern stehen Stichpunkte, Rechtsvorschriften, Hinweise, wie der Prüfling argumentieren soll. Alles, was ein Jurist braucht für eine gute Prüfung. L. gibt seiner Kundin Anweisungen, wie mit dem Material zu verfahren sei: nicht mit in die Universität nehmen, nur handschriftliche Notizen zu den Fällen machen und nach dem Lesen vernichten, für den Fall, dass es zu einer Hausdurchsuchung kommt. »Ich gucke gerne Krimis«, sagt L. »Ist das ein Scherz?«, fragt die Referendarin. »Nein«, sagt er und geht.

Die Flucht nach Italien

Kurz nach dieser Begegnung kommt alles heraus. Am 26. März 2014 durchsucht die Polizei Jörg L.s Büro, er muss seinen Schlüssel abgeben und erhält Hausverbot. Am 27. taucht er bei Scheibel im Justizministerium in Hannover auf: Als ihm die Schwere des Vorwurfs klar wird, bittet er um Urlaub. Er wolle sich sortieren. Dann flüchtet er ins Ausland. Am 31. März verhaftet ihn die italienische Polizei in einem Viersternehotel in Mailand – in Gesellschaft einer rumänischen Prostituierten. Man findet bei ihm 30.000 Euro in bar, Kontovollmachten für seine Frau und eine geladene Pistole plus 43 Schuss Munition.

»Es war der Fehler meines Lebens«, sagt Jörg L., er habe den Referendaren aus Mitleid geholfen. Gerade die Prüflinge aus Einwandererfamilien hätten es sehr schwer. An diesem dritten Verhandlungstag – dem einzigen, an dem er redet – bestätigt L. fast alle Vorwürfe der Staatsanwaltschaft. Gegen die Referendare ermitteln die Strafverfolger separat.

Doch das ist noch nicht alles. Der Fall Jörg L. hat einen Verdacht freigesetzt, der sich nun wie ein Virus in der niedersächsischen Justiz verbreitet. Jeder Jurist, der in L.s Zeit sein Zweites Staatsexamen abgelegt hat, erscheint plötzlich wie ein möglicher Betrüger. Richter und Staatsanwälte müssen sich die Frage gefallen lassen, ob sie denn von jener Sonderkommission überprüft wurden, die das Justizministerium eingesetzt hatte, um der Situation Herr zu werden.

2000 Referendare haben zwischen dem 1. September 2011 und dem 26. März 2014 ihr Zweites Staatsexamen abgelegt. Jede Prüfung besteht aus acht Klausuren. Jede Klausur besteht aus 20 bis 30 Seiten. Die vom Ministerium aufgestellten Prüfteams umfassten Zivilrechtler, Strafrechtler und Experten für öffentliches Recht. Die Klausuren wurden zu ihnen an die Standorte Oldenburg, Osnabrück, Göttingen, Braunschweig, Celle und Hannover gefahren. Etwa 200 Richter und Staatsanwälte mit Prüfungserfahrung waren beteiligt, sie arbeiteten ehrenamtlich von April bis Dezember.

Bei 15 von L.s ehemaligen Prüflingen hat die Sonderkommission Unregelmäßigkeiten festgestellt, bei zwölf davon sind die Beweise so stichhaltig, dass sie von der Staatsanwaltschaft in die Anklage gegen L. aufgenommen wurden. Pikant ist, dass zwei der 15 im niedersächsischen Staatsdienst angestellt waren. Zum Beispiel Herr C.: Er arbeitete von September 2013 bis April 2014 als Staatsanwalt in Osnabrück und Oldenburg. Sein Xing-Profil dazu hat er inzwischen gelöscht. Das Oldenburger Dezernat, in dem C. tätig war, beschäftigt sich mit allgemeiner Kriminalität, etwa Diebstahl, Betrug und Urkundenfälschung. Unspektakulär, trotzdem aber zu kompliziert für den jungen Mann. »Man muss nicht gleich alles können, aber doch etwas mehr als Fälle hinkriegen, in denen es um betrunkene Autofahrer geht«, sagt jemand, der in Oldenburg lange dabei ist, zur *ZEIT* über C. »Aber wenn ein Schmied den Hammer nicht halten kann, wird es für ihn im Alltag schwierig.« C. habe sich nicht nur schwergetan, sondern auch unwohl gefühlt. Nach einem Gespräch mit seinem Vorgesetzten schied C. auf eigenen Wunsch aus dem Staatsdienst aus. Ein paar Tage zuvor war Jörg L. in Italien festgenommen worden.

Eine weitere Referendarin arbeitete einen Monat als

Richterin zur Probe in Lüneburg, bis sie, ebenfalls im Zeitraum von Jörg L.s Festnahme, erkrankte. Sie hatte mit dem Prüfer vermutlich ein Verhältnis. Nach ihrer Rückkehr wurde sie ins Organisationsteam für den Deutschen Juristentag beordert, nach einem Gespräch mit ihrem Vorgesetzten reichte auch sie die Kündigung ein. Laut Justizministerium sollen beide weniger als ein Jahr im Staatsdienst gewesen sein und waren deshalb weder an eigenständigen Urteilen noch an Anklagen beteiligt.

Ob das reicht, um das Vertrauen in die niedersächsische Justiz wiederherzustellen? Denn egal, ob man mit Juristen innerhalb oder außerhalb des Bundeslandes spricht, es gibt keinen, der nicht von Jörg L. gehört hätte und sich nicht für den Fall interessieren würde. Ein ganzer Berufsstand fühlt sich angegriffen und in seiner Ehre verletzt. Die Angst, der Schaden könnte über Niedersachsen hinausreichen, ist groß. Und berechtigt.

Ein möglicher Komplize in Hamburg

Da es aufwendig ist, Juraklausuren zu entwerfen, teilen sich die Bundesländer diese Aufgabe in einem sogenannten Ringtausch. Das bedeutet, dass die Klausuren eines Bundeslandes auch von einem anderen übernommen werden können. So stellt Niedersachsen jedes Quartal eine seiner Klausuren bereit, der Austausch ist nahezu bundesweit. Daher ist es durchaus denkbar, dass eine der verkauften Klausuren in Umlauf geraten ist. Und etwa Hamburg erreicht hat, wo Jörg L.s möglicher Komplize arbeitet.

Hat L. auch Informationen an Hamburger Referendare verkauft? Bei einer Klausur bestand der Verdacht. 113 Arbeiten wurden daraufhin neu geprüft – auffällig war keine. Darüber hinaus hat die Hamburger Justizbehörde alle Neuzugänge aus den vergangenen Jahren nach Absolventen aus Niedersachsen überprüft. Deren Namen wurden an das niedersächsische Justizministerium weitergeleitet, um abzugleichen, ob sich einer der 15 Verdächtigen darunter befinde. »Das Ergebnis war negativ«, versichert der Sprecher der Hamburger Justizbehörde.

Am achten Verhandlungstag betritt Özlem G. zusammen mit ihrem Anwalt den Gerichtssaal. Sie trägt einen schwarzen Blazer und eine dunkle Hose. Kleidung, die professionell aussieht. Doch sie hat alles verloren. Nur ein paar Tage nachdem Jörg L. bei ihr war, klingelte es an der Wohnungstür. Da standen ein Staatsanwalt und zwei Polizisten. »Was wissen Sie?«, rief G. Sie wussten alles. Die durchgesickerten Klausuren waren kassiert und durch neue ersetzt worden. Die Vorsitzende Richterin fragt Frau G.: »Haben Sie trotzdem Ihre Klausuren absolviert?« G. nickt. »Ich habe 10,5 Punkte bekommen, trotz der Umstände und obwohl ich die Prüfungsaufgaben nicht kannte.« Sie schluchzt. »Ich habe also was getaugt.«

Nachdem ihr Betrug bekannt wird, fällt Özlem G.s Leben in tausend Stücke. Die Universität legt ihr nahe, die Bewerbung für eine schon zugesicherte Promotionsstelle zurückzuziehen. Für eine Juristin, gegen die ein Strafverfahren anhängig ist, ist jede Bewerbung für den Staatsdienst aussichtslos. Und auch mit einem Job in der freien Wirtschaft wird es wohl nichts mehr. Die Eltern, denen sie das Geld zurückzahlen möchte, sind tief enttäuscht von ihrer Tochter. Nur G.s Ehemann weiß noch nichts. »Es geht mir psychisch nicht so gut«, bekennt G. vor Gericht, sie ist jetzt in Therapie. »Und wie zahlen Sie Ihren Anwalt?«, fragt die Vorsitzende. »Ich kann ihn gerade nicht bezahlen.«

Die Aussage der Zeugin G. ist beendet, als der angeklagte Richter plötzlich einen Zettel in der Hand hält. Er will sich bei ihr entschuldigen, so wie bei allen anderen Referendaren auch, die vor Gericht ausgesagt haben. Doch G. schüttelt den Kopf. Sie schaut nicht zu Jörg L., sondern zur Richterbank, und sagt: »Herr L. wusste, dass er observiert wird, und hat mich trotzdem in diesen Sumpf gezogen. Ich will von ihm nie wieder etwas hören.« Die Vorsitzende nickt und hält ihr ein Blatt Papier hin. Es ist eine ganz normale Fahrtkostenabrechnung für Zeugen. Doch Özlem G. will selbst die nicht annehmen. Sie schüttelt den Kopf. »Nein«, ihre Stimme füllt den Saal. »Ich habe schon genug verloren. Meine Würde will ich behalten.«

Aus: DIE ZEIT 8/2015, 19. Februar 2015, von Nadine Ahr, Rudi Novotny und Khuê Pham

SCHWIERIGE WAHRHEIT

Nach einer Prügelei nachts in Potsdam lag der Deutsch-Äthiopier Ermyas M. wochenlang im Koma. War er wirklich ein Opfer rassistischer Täter? Monatelang suchen die Richter nach Antworten

Obwohl die Straftat gegen Ermyas M. zu den großen politischen Fällen des Jahres 2006 gehörte, hat der Prozess vor dem Landgericht Potsdam mit Politik nichts zu tun. Politisch dürfte höchstens die Entscheidung der 4. Großen Strafkammer unter dem Vorsitzenden Michael Thies gewesen sein, das Hauptverfahren über-haupt zu eröffnen, denn für die Schuld der beiden Angeklagten sprach von Anfang an wenig.

Erhebt die Staatsanwaltschaft Anklage, so muss das Gericht im sogenannten Zwischenverfahren entscheiden, ob sich ein Prozess überhaupt lohnt und ob die von der Staatsanwaltschaft zusammengetragenen Verdachtsmomente zur Verurteilung des Angeklagten voraussichtlich ausreichen werden. Da die Indizien gegen Björn L. und Thomas M. aber von Anfang an schwach waren, darf man dem Gericht vielleicht unterstellen, es wollte einen prominenten Fall, der die Öffentlichkeit ein Jahr zuvor maximal aufgewühlt hat, auch unter den Augen derselben Öffentlichkeit abschließen. Immerhin hatte die Tat das internationale Ansehen des ganzen Landes beschädigt.

Doch wenn sie nun nicht hier vor dem Landgericht Potsdam stehen, wo sind die Täter dann? Es bleibt weiterhin unklar, wer den Deutsch-Äthiopier Ermyas M. in der Nacht zum Ostersonntag 2006 auf der offenen Zeppelinstraße mit einem gezielten Faustschlag ins Gesicht so verletzt hat, dass er ins Koma fiel und um Haaresbreite nicht überlebt hätte. Und wer jener Begleiter war, mit dem sich der Täter rasch davonmachte.

Der Fall erschütterte im Frühjahr 2006 die ganze Republik: Ein schwer verletzter Schwarzer – kurz vor der Fußballweltmeisterschaft! Wieder gingen die Schlagzeilen vom hässlichen Ossi um die Welt, der vom braunen Dreck nicht lassen kann. Die Bundeskanzlerin geißelte das »abscheuliche Verbrechen« und drängte auf rasche Aufklärung. Weil er von einem Mordversuch mit rassistischem Hintergrund ausging, übernahm sogar der für Staatsschutzsachen zuständige Generalbundesanwalt zeitweise die Ermittlungen. In Zeitungen diskutierte man die Frage, ob

Höchstens zwei Minuten dauerte die verhängnisvolle Begegnung

es in Deutschland jetzt »No-go-Areas« gäbe, also Regionen, in denen Schwarze Menschen um ihr Leben fürchten müssten. Demonstranten zogen durch die Stadt, um ein Zeichen gegen Fremdenhass zu setzen. Ein ganzes Land suchte nach den Schuldigen.

Dann nahm die Polizei zwei junge Männer fest. *Das sind die feigen Schläger von Potsdam* titelte die Boulevardpresse zu ihren Fotos. Fernsehbilder zeigten die Verhafteten im Outfit der Staatsfeinde: Gefesselt, mit verbundenen Augen und mit Schallschutzhörern auf den Ohren hievt man sie in einen Helikopter, der sie zur Vernehmung am Bundesgerichtshof nach Karlsruhe bringen soll. 33 Tage lang hielt man sie im Untersuchungsgefängnis fest, dann ließ der Ermittlungsrichter sie gehen. Der Hauptverdächtige Björn L. wurde danach noch zwei Mal für mehrere Wochen inhaftiert, bis man schließlich auch ihn bis zum Prozess auf freien Fuß setzte, weil kein dringender Tatverdacht mehr bestand.

Trotzdem sieht die Staatsanwaltschaft Potsdam in Björn L. und Thomas M. jene Personen, die M. fast umgebracht hätten, auch wenn in der Anklageschrift jetzt nichts mehr steht von versuchtem Mord und rassistischen Motiven. Die Strafverfolger mussten die Sache im Laufe der Ermittlungen stark entdramatisieren – was bleibt, ist eine Straßenschlägerei: Björn L., der M. als »N.« beschimpft und mit einem Hieb niedergestreckt haben soll, ist angeklagt wegen gefährlicher Körperverletzung und Beleidigung. Seinem Begleiter Thomas M. werfen die Staatsanwälte unterlassene Hilfeleistung vor – er soll das Opfer schwer verletzt liegen lassen haben. Allerdings – Beweise für die Täterschaft der Angeklagten gibt es nicht, und die Beschuldigten haben alle Vorwürfe von Anfang an bestritten. Also muss die Kammer in einem wochenlangen zähen Indizienprozess akribisch alle Verdachtsmomente abarbeiten, um eine verhängnisvolle Begegnung aufzuklären, die höchstens zwei Minuten gedauert haben kann.

Im Prozess schweigen die Angeklagten. Zu dessen Auftakt verlesen ihre Verteidiger Erklärungen, in denen Björn L. und Thomas M. beteuern, mit dem Verbrechen »nicht das Geringste zu tun« zu haben. Die Zugehörigkeit zu rechtsradikalen oder fremdenfeindlichen Gruppen weisen sie von sich. L. lässt mitteilen, sein Name sei inzwischen zum Synonym für ausländerfeindliche Straftaten geworden: »Egal, wie das Verfahren ausgeht, ist mein persönlicher Schaden nicht mehr reparabel.« Er kenne den Geschädigten nicht, und es tue ihm leid, was diesem widerfahren sei. Wer auch immer die nächtliche Auseinandersetzung mit M. gehabt habe: »Ich war es nicht!«

Der Wasserbauingenieur Ermyas M., der, wieder genesen, jetzt als Nebenkläger im Gericht sitzt, sieht das offenbar anders. Bei der Einlassung der Angeklagten notiert er manchmal etwas, wobei ihm ein ungläubiges Lächeln in den Mundwinkeln sitzt. Mitunter schüttelt er kaum merklich den Kopf. Seine schwere Schädelverletzung ist nicht mehr erkennbar. Ein hochgewachsener, auffallend gut aussehender Mann Ende dreißig ist er, mit gewinnenden Gesichtszügen, stets geschmackvoll und leger gekleidet, mit enormen goldfarbenen Ringen an den Fingern. Das Saalpublikum betrachtet ihn fast ehrfürchtig, in einer Verhandlungspause nähert sich ihm eine fremde junge Dame und bekennt: »Ich finde es bewundernswert, dass Sie jeden Tag hierherkommen. Ganz, ganz ehrlich!«

Ermyas M., der kultivierte Akademiker mit der deutschen Staatsbürgerschaft, mit der deutschen Frau und den beiden niedlichen Zwillingssöhnchen, hat sämtliche Sympathien auf seiner Seite. »Ein vorbildlicher Deutscher« betitelte der *stern* im April 2006 eine Eloge auf den damals Schwerverletzten. M. stellt den Inbegriff des edlen Opfers dar, an dem sich das primitive Dumpfmenschentum ostdeutscher Neonazis abreagiert hat. Sämtliche Vorurteile manifestieren sich in der ästhetischen Diskrepanz zwischen dem Opfer und den Männern auf der Anklagebank: Gedrungen und bullig sitzen sie da, in bunt gemusterte Hemden oder billige Sweatshirts gepresst.

Offensichtlich alles andere als Männer von Welt. Bis zu ihrer Festnahme arbeitete der eine als Fahrer für behinderte Menschen, der andere als Fensterputzer und Türsteher. Beiden steht die Schlichtheit in die runden Gesichter geschrieben: Thomas M., mit rot entzündeter Nase, schaut wortlos vor sich hin. Dem als Haupttäter beschuldigten Björn L. bescheren seine schräg gestellten Augenbrauen, die hartnäckig einem imaginären Fluchtpunkt auf der Stirn zustreben, die Dauermiene resignierter Besorgnis.

Schon lange vor Prozessbeginn war der Nebenkläger M. im Fernsehen zu sehen, wie das bei Opfern öffentlichkeitswirksamer Straftaten neuerdings üblich ist. Bei seinem Auftritt in einem großen RTL-Jahresrückblick im Dezember 2006 sagt er zu Günther Jauch: »Wir wissen, dass die Sache einen rassistischen Hintergrund hat«, das sei »eindeutig klar«. Woher seine Sicherheit rührt, sagt er nicht. Und gleich am 7. Februar 2007, dem Abend nach dem ersten Prozesstag, sitzt er als Gast wieder bei Jauch, diesmal in *Stern TV*. »Haben die Angeklagten Ihren Blick erwidert?«, fragt der Moderator wissbegierig.

»Ja, dreimal«, antwortet M., er beobachte die Angeklagten ganz bewusst, auch deren Mimik und Gestik.

»Und welchen Eindruck haben Sie?«, will Jauch wissen.

»Wenn ich ehrlich sein soll«, gibt M. zurück, »die beiden waren das! Für mich ist das definitiv!«

Als M. am nächsten Verhandlungstag als Zeuge vernommen wird, klingt das etwas anders: »Was erinnern Sie noch von jener Nacht?«, fragt der Vorsitzende Thies den Geschädigten nüchtern. »Im Prinzip erinnere ich im Großen und Ganzen gar nix«, erwidert M. Als er allerdings im Unfallkrankenhaus aus dem Koma erwacht sei, habe er das Gefühl gehabt, in jener Nacht von »Leuten überrascht worden zu sein«. Er habe zu seiner Frau gesagt, »es waren Rechtsradikale«, es könne aber auch eine hochgestiegene Erinnerung an eine mulmige Situation auf dem Bahnhof Rostock im Jahre 1999 gewesen sein, als er sich einmal vor martialisch aussehenden Gestalten gefürchtet habe. »Woran erkennen Sie Rechtsradikale?«, fragt der Vorsitzende. »Ich weiß nicht«, gibt M. zurück. Er könne sich ja gar nicht daran erinnern, am besagten Abend Rechtsradikale gesehen zu haben.

»Glauben Sie, dass man Menschen auf der Straße ansieht, ob sie rechtsradikal sind?«, forscht der Vorsitzende.

»Nein!«

»Wie kommen Sie dann darauf, dass Sie Opfer von Rechtsradikalen wurden?«

Darauf hat der Zeuge keine Antwort.

M. lebt seit 1988 in Deutschland, erst in Rostock, dann in Potsdam. »Haben Sie jemals unter Anfeindungen zu leiden gehabt?«, fragt der Vorsitzende. »Nein, außer Sprüchen von Bauarbeitern.«

»Was für Sprüche?«

»An meine Frau: Was willst du mit so einem ... Neidische Sprüche eben.«

»Haben Sie Angst, auf die Straße zu gehen?«

»Nein.«

Karsten Beckmann, der Verteidiger des Björn L., hat M. wegen dessen Äußerung bei *Stern TV* inzwischen wegen Verleumdung angezeigt. Als das Fragerecht an ihm ist, will er vom Nebenkläger wissen, wie viel er von *Stern TV* für seinen Auftritt bekommen habe. Dieser gibt knapp zurück: »Kein Kommentar!«

Es hört sich an, als sei Ermyas M. seinem eigenen Klischee aufgesessen. Oder fühlte er sich durch die Zuwendung des Medienstars Jauch und das Bewusstsein, zu Millionen zu sprechen, genötigt, die Erwartungen dieser Millionen zu füttern, anstatt zuzugeben: Ich weiß nichts mehr.

So wird die Potsdamer Hauptverhandlung auch zu einem langwierigen Auflösungsprozess von Vorurteilen. Nach der Anhörung von etwa 80 Zeugen und mehreren Sachverständigen hat das Gericht zwar immer noch keinen Täter, dafür aber einen differenzierten Blick auf das Tatgeschehen.

Rund 80 Zeugen – und noch immer kein Täter

Dabei kommen auch Dinge zur Sprache, mit denen sich die gängigen Stereotype nicht gut bedienen lassen und von denen im Fernsehen nicht die Rede war. Zum Beispiel das Alkoholproblem des Opfers: Zweimal stand M. schon wegen Trunkenheitsfahrten vor Gericht. Dass er zum Tatzeitpunkt 1,66 Promille im Blut hatte, spielt in diesem Prozess insofern eine Rolle, als die Provokationen, die zur Tat führten, offenbar von ihm selbst ausgingen. Über die Eskalation gibt eine Mailbox-Aufzeichnung Aufschluss, die am 16. April 2006 gegen 4 Uhr morgens bei Stefanie M., der Frau des Nebenklägers, eingegangen ist. M. versuchte von der Straßenbahnhaltestelle Charlottenhof aus, mit dem Handy seine Frau zu erreichen, von der er getrennt lebt. Weil sie selbst nicht abhob, schaltete sich die Mailbox ein und hörte die unmittelbare Tatvorgeschichte mit. Wieder und wieder lässt das Gericht den Zufallsmitschnitt abspielen. Zunächst ist nur die ärgerliche Stimme M.s zu hören: »Geh ran, Schweinesau«, fordert er seine Frau lallend auf. Dann eine verwaschene Liebeserklärung: *»I love you, you're the best one.«* Jetzt spricht er einen Passanten an. »Geh mal andersrum, Mann – ääh!« – »Is wat?«, fragt eine Männerstimme zurück. »Ja, Schw-Schweinesau!«, versetzt M. Jetzt mischt sich eine helle Männerstimme ein: »Oller N.!« – »Wie bitte?« – »Du N.!«, kräht die Fistelstimme. Dann wieder M.: »Du bl-blödes Schwein, ja?« Es folgt ein aggressives Wortgeplänkel, nach 121 Sekunden reißt die Verbindung ab. Danach muss einer der beiden Männer M. den Schlag ans linke Auge versetzt haben.

Nach 26 Sekunden ruft M.s Handy erneut bei Stefanie an, er ist wohl auf die Wahlwiederholungstaste gestürzt. Diesmal hebt die Frau ab und lauscht über lange Zeit einem Livemitschnitt vom Tatort. Sie hört Schritte und eine kräftige Männerstimme, die sagt: »Lass uns abhaun.« Erst nach einer Viertelstunde melden sich junge Leute und teilen ihr mit, dass ihr Mann leblos an der Zeppelinstraße liegt.

Die Auseinandersetzung zwischen dem auffälligen Mann mit den Rasta-Zöpfen, der M. damals war, und den zwei Fremden hatte auch Augenzeugen. Der Zuhörer kann sich nur wundern, wie viele Menschen den Vorfall mitbekommen haben. Zum Beispiel der Taxifahrer E., der um 3.58 Uhr an der Haltestelle vorbeifuhr und dabei sah, wie M. einem kleineren Mann vor die Brust trat, ohne sein Handy dabei vom Ohr zu nehmen. Als er die Stelle wenig später mit zwei Fahrgästen im Fond erneut passierte, lag der Schwarze auf dem Boden, und zwei männliche Personen entfernten sich hastig. E. ließ sein Taxi stehen und verfolgte die Flüchtenden ein Stück, bis sie in einen Fußweg einbogen. Dann rannte er zum Wagen zurück, die Tageseinnahmen lagen ungeschützt darin.

Herr L., ein weiterer Taxifahrer, bemerkte ebenfalls im Vorüberfahren, dass M. »mit voller Wucht« den kleineren der beiden Männer in den Rücken trat. »Der hat richtig Anlauf genommen, man kann sagen: volle Pulle«, sagt L. zu den Richtern. Als er nach einer Viertelstunde zurückgekommen sei, habe er zwar die Polizeiautos da stehen sehen, aber nicht angehalten, denn sein Tag war lang, und L. wollte heim.

Auch Benjamin W., 23, ist weitergegangen: Er kam Schlag 4 Uhr aus einer Seitenstraße und hörte aus etwa 20 Meter Entfernung den Streit. »Es gab echte Emotionen«, sagt er bedeutungsvoll. Als der Wortwechsel zu Ende war, seien die beiden Männer ihrer Wege gegangen, der Schwarze sei ihnen nachgerannt und habe nach ihnen getreten. Plötzlich habe sich einer umgedreht und ihm den Faustschlag versetzt. W. hielt es nicht für nötig, von seinem Kurs abzuweichen: »Für mich war das eine Kneipenschlägerei – ein Streit, ein Schlag.«

Auch Elena S., eine Auszubildende mit zottigen roten Haaren, hat die Tat mit angesehen. Sie saß in einem Auto auf der anderen Straßenseite und wartete auf einen Freund. Mehrere Minuten lang hatte sie die Haltestelle Charlottenhof im Auge. Die Zeugin spricht langsam und verströmt ein Phlegma, das sich mit der Schilderung einer Gewalttat schlecht verträgt. Auch sie sah M. zunächst telefonieren. Zwei Männer in »Hip-Hop-Hosen« seien an ihm vorübergegangen, wobei es zu einer verbalen Auseinandersetzung kam. Der Schwarze habe nach den Männern getreten, aber nicht getroffen. »Die beiden gingen zunächst weiter«, sagt die Zeugin, »dann wandte sich einer um und schlug ihm mit der Faust ins Gesicht.« Der Getroffene sei sofort umgefallen, die Täter hätten sich eilig entfernt.

Elena S. kann sich an vieles nur noch vage erinnern, zum Beispiel an mehrere Nachtschwärmer, die in der Folgezeit ungerührt an dem am Boden liegenden M. vorübergestapft sein sollen. Sie selbst hat in jener Nacht zwar zum Handy gegriffen und die Polizei angerufen, aber auszusteigen und zu helfen kam ihr nicht in den Sinn. Man sei auf dem Weg in die Disco gewesen, begründet sie ihre Lethargie. Offenbar wollte sie sich von der Rettung eines Schwerverletzten nicht den Abend verderben lassen. Wer den Schilderungen der Augenzeugen zuhört, dem kann es schon kalt über den Rücken laufen. Mancher mag sich an die biblische Geschichte vom Barmherzigen Samariter erinnert fühlen und sich in aller Stille wünschen, niemals in höchster Not auf die Anteilnahme solcher Menschen angewiesen sein zu müssen.

Nachtschwärmer ziehen ungerührt an dem Verletzten vorbei

Drei Tage nach der Tat, am 19. April 2006, meldete sich der Dachdecker Ingo P. bei der Polizei. Er ist der Hauptbelastungszeuge, der die beiden Angeklagten überhaupt erst ins Visier der Ermittler gerückt hat. Im Prozess erscheint er mit seiner Anwältin, ein blonder Mann mit malmendem Kiefer. Ingo P. bekundet, mit Thomas M. in bierseliger Runde gesessen zu haben, als das allgemeine Gespräch auf M. gekommen sei. Dabei sei Thomas M. merklich stiller geworden und habe auf dem Heimweg zu ihm, Ingo P., die Bemerkung fallen lassen: »Der Schwarze ist nicht ganz unschuldig an der Sache.« Weil zu diesem Zeitpunkt aber noch nicht bekannt war, dass Ermyas M. sich aggressiv verhalten hatte, kam Ingo P. die Äußerung verdächtig vor. Auch den zweiten Angeklagten Björn L. meldete der Zeuge Ingo P., denn er hatte mit ihm und Thomas M. zusammen früher einmal bei derselben Krankentransportfirma gearbeitet. Und jetzt kam Ingo P. die hohe Stimme aus dem Handymitschnitt, die pausenlos im Fernsehen und im Internet zu hören war, bekannt vor: Das sei seiner Meinung nach ein ehemaliger Kollege, sagte er zur Polizei, den man seines auffälligen Organs wegen auch »Pieps« nenne.

Die Festnahme der beiden Männer erfolgte prompt: Bei Thomas M. drang ein achtköpfiges Sondereinsatzkommando ein und erledigte ihn mit einem Elektroschockgerät. Danach, bei der Vernehmung, habe er »keinen klaren Gedanken fassen« können, sagte M. vorige Woche der *ZEIT*, weshalb er auch nicht habe sagen können, wo er in der Osternacht gewesen sei. Und sein Verteidiger Oliver Milke ergänzt, die fragliche Bemerkung gegenüber Ingo P. habe sein Mandant nie gemacht.

Den verdächtigen L. zog die Polizei auf der Schnellstraße aus dem Auto. Auf der Wache schwor er »beim Tode meines Vaters« unschuldig zu sein, einen Verteidiger glaubte er nicht zu brauchen. Er habe krank im Bett gelegen, versicherte Björn L., was seine Mutter bestätigt und niemand widerlegt. Als er in der Osternacht um 2.44 Uhr eine SMS an seinen Bruder schickte, war er erwiesenermaßen zu Hause. Außerdem kenne er den angeblichen Mittäter Thomas M. nur vom Sehen, beteuerte L. weiter, er habe noch nie näher mit ihm zu tun gehabt. Diese Angabe wird ebenfalls von der Telefonüberwachung gestützt, die auch in der zurückliegenden Zeit keinerlei Handy- oder E-Mail-Verbindungen zwischen den Verdächtigen hat finden können.

Bleibt die auffällig hohe Stimme: Diese wird noch von zwei weiteren Zeugen dem Björn L. zugeordnet, allerdings sind sich zahllose andere Zeugen aus der Familie, der Nachbarschaft und dem weiteren Umfeld des L. sicher, dass er es nicht ist, mit dem sich das Opfer auf dem Mitschnitt streitet. Dazu kommt, dass Björn L. zum Tatzeitpunkt an einer Kehlkopfentzündung litt und nichts als heiseres Krächzen zustande brachte. Das bestätigt auch sein Hausarzt als Zeuge. Er hatte L. kurz vor und kurz nach Ostern 2006 behandelt und an einen Facharzt überwiesen, weil es mit dem Sprechen nicht besser wurde.

Die Stimmensachverständige des Landeskriminalamts stellt in der Hauptverhandlung zwar fest, es bestehe eine gewisse Wahrscheinlichkeit, dass die gesunde Stimme des Björn L. die Täterstimme sein könnte, denn beide Männer entstammten dem mittelmärkischen Sprachraum und verfügten über eine virtuose Kopfstimme, die mühelos durch die Register gleite. Weil aber niemand weiß, wie häufig solche Männerstimmen vorkommen, werden die Richter auf diese Übereinstimmung wohl keine Verurteilung stützen können. Ganz abgesehen davon, dass L. eben *nicht* gesund war. Die vernehmenden Kriminalbeamten bekunden vor Gericht, sie hätten überraschte Blicke ausgetauscht, als der Verhaftete mit dem Spitznamen »Pieps« seine Angaben heiser ins Mikrofon bellte.

Bleiben noch die Knastgerüchte: Gefängnisse sind Brutstätten der Verdächtigungen, hier blühen Verleumdung und üble Nachrede. Kaum ein Sensationsprozess, bei dem nicht ein Gefangener im Knast Belastendes über den Angeklagten erfahren haben will und sein Wissen gegen Vorteile einzutauschen sucht. Auch N., ein Mithäftling des Björn L., hat sich aus dem Untersuchungsgefängnis an die Staatsanwaltschaft gewandt: Er habe, schrieb N., von einem weiteren Knastbruder namens R. gehört, der »Pieps« hätte – als M. aus dem Koma erwacht sei – gegenüber einem Dritten, einem gewissen P., bedauert, »bei dem N. nicht richtig zugeschlagen« zu haben. Zum Gericht wird der Zeuge N. in Handschellen gebracht. Seine Anzeige begründet er damit, dass er »nicht mit einem Rassisten im selben Gefängnis« habe sitzen wollen. Dem Vorsitzenden erscheinen N.s Gründe weniger nobel. »Sie haben auf eine vorzeitige Entlassung spekuliert«, hält er ihm entgegen. Deshalb habe N. der Polizei auch angeboten, sich als Spitzel an die Fersen des Beschuldigten Björn L. zu heften, was abgelehnt worden sei.

P. soll nach seiner Aussage prompt entlassen worden sein. Natürlich wird er als unmittelbarer Zeuge auch selbst geladen. Er ist ein dicker Mann Ende zwanzig, ein polizeibekannter Rechter. Seine Freiheit war von kurzer Dauer, P. sitzt inzwischen wegen mehrerer Raubdelikte schon wieder ein und muss aus dem Vollzug herbeigeschafft werden. Doch die belastenden Angaben über Björn L. will er im Angesicht des Angeklagten nicht wiederholen. »Ich verweigere die Aussage«, sagt er zum Gericht und ist weder durch Drohungen noch durch gutes Zureden von diesem Vorsatz abzubringen. Schließlich wird es dem Staatsanwalt, dem die Indizien für seine Anklage nach und nach abhandenkommen, zu bunt. »Ich beantrage, den Zeugen in Beugehaft zu nehmen!«, ruft er. »Ich sitz doch schon«, gibt P. ungerührt zurück. Als er vier Wochen später erneut vorgeführt wird, sieht er nicht einsichtiger aus. Er habe damals die Wahrheit gesprochen, meint er bloß, und bleibe nun bei seinem Schweigen.

Also marschiert noch das halbe Gefängnis auf. Zahllose Häftlinge werden nach verdächtigen Äußerungen des Björn L. befragt, manche sehen aus wie einem Seeräuberfilm entsprungen, sie tragen Ohrringe, und die Tätowierungen quellen ihnen aus dem Hemdkragen. Alle sind sich sicher: Björn L. hat die ganze Zeit nichts anderes beteuert als seine Unschuld, und er war froh über das Erwachen des Ermyas M., weil er hoffte, dieser könnte ihn endlich als Täter ausschließen.

Im Laufe der langen Verhandlung wird es Frühling vor den Fenstern des Gerichts, und auch auf der Anklagebank hebt sich die Stimmung. Die Zuhörer fragen sich in den Pausen, aufgrund welcher Beweise die Männer nun eigentlich verurteilt werden sollen. Um die Nebenklage wird es still.

In der Zeitung bleibt Ermyas M. dabei, Opfer rassistischer Gewalt zu sein. Sein eigenes Verhalten in jener Nacht ist ihm nicht der Rede wert. Er widmet sich nun ganz seinem neuen Verein »Löwenherz«, der Wasserprojekte in Äthiopien unterstützen soll, und ist mit dem Schreiben von Anträgen auf Fördergelder beschäftigt. Da kann eine gewisse Berühmtheit nicht schaden. Am Jahrestag der Tat, am 16. April 2007, veranstaltete Löwenherz unter dem Motto »Farbe tut gut« auf dem Potsdamer Luisenplatz ein Fest als Zeichen gegen Rassismus. M. schmückte die Titelseite der *Potsdamer Neuesten Nachrichten*, der Bürgermeister ließ sich mit ihm ablichten, und im Kommentar stand, M. sei zum »Synonym für den Kampf gegen Rassismus« geworden. Die Reflexmaschinerie der Political Correctness hat M. ohne näheres Hinsehen in die Reihe der Prominenten katapultiert, und er dürfte eines Tages Mühe haben, sich von seiner Opferrolle zu verabschieden.

Ermyas M. sieht sich weiterhin als Opfer rassistischer Gewalt

Dass der deutsche Osten ein Problem mit dem Rechtsradikalismus hat, weiß jeder Zeitungsleser. Trotzdem ist nicht erwiesen, dass der Faustschlag, der M. traf, einen Weißen in vergleichbarer Lage nicht ebenso getroffen hätte. Zwar fiel das Wort »N.«, aber es fiel auch das Wort »Schweinesau«. Hätte es einen Aufschrei gegeben, wenn – den umgekehrten Fall gedacht – M. sich gegen einen nach ihm tretenden Weißen mit einem Faustschlag zur Wehr gesetzt hätte?

Wo kein Täter ermittelt ist, da ist auch die Frage nach dem Motiv obsolet. Doch irgendwo im mittelmärkischen Sprachraum lebt ein Mann mit heller Stimme, der im tiefsten Herzen weiß, ob sein Hieb in der Nacht zum Ostersonntag 2006 einen »rassistischen Hintergrund« hatte oder nicht.

Aus: DIE ZEIT 20/2007, 10. Mai 2007, von Sabine Rückert

EINSAMER HASS

Warum musste Marwa el-Sherbini sterben? Der Prozess vor dem Dresdner Landgericht offenbarte, wie Bürger und Staat sich gegen einen Rassisten zur Wehr setzten – bis er zustach

Ganz zum Schluss der Beweisaufnahme in Dresden, als die Zuhörer und die Presse durch Gerichtsbeschluss aus dem großen Schwurgerichtssaal entfernt worden sind, weil die Vernehmung des psychiatrischen Sachverständigen unter Ausschluss der Öffentlichkeit stattfinden soll, nimmt der Angeklagte endlich seine Kapuze ab. An den sieben vorausgegangenen Prozesstagen hatte Alex W. den Verhandlungssaal stets vermummt mit Skimaske und Sonnenbrille betreten. Jetzt zeigt er den Richtern ein weiches Kindergesicht, das er die ganze Zeit hinter dem martialischen Mummenschanz verborgen hatte. Und das so gar nicht zusammengeht mit der Bluttat, die er am 1. Juli 2009 in einem anderen Verhandlungssaal dieses Landgerichts beging.

Die ganze Republik kennt das Verbrechen des 28-jährigen Wolgadeutschen: Er hat die junge, schwangere Ägypterin Marwa el-Sherbini im Landgericht Dresden mitten in einem Beleidigungsprozess vor Richtern und Anwälten und vor den Augen ihres drei Jahre alten Sohnes mit einem Messer durch 18 Stiche getötet und ihren zu Hilfe eilenden Ehemann schwer verletzt.

Dass ein unbefangener Betrachter dem jungen Mann Derartiges nie zugetraut hätte, ist nicht unerheblich für die Frage, wie es zur Tötung Marwa el-Sherbinis kommen konnte. Hätte W. eine brutale Ausstrahlung, eine alarmierende Vorgeschichte oder wenigstens ein paar Tätowierungen gehabt – die Richter hätten womöglich Sicherheitsvorkehrungen getroffen. So aber ließen sich alle – obwohl W.s Feindseligkeit gegen Muslime bekannt war – von der Harmlosigkeit seiner Erscheinung täuschen.

W. sei diszipliniert und gefasst gewesen, sagt Tom Maciejewski als Zeuge. Er war Vorsitzender jenes Berufungsprozesses, der mit der Tragödie endete. An Unfreundlichkeit seitens des Angeklagten erinnert er sich nicht, dafür an dessen gutes Deutsch. Und der Schöffe meint, W. sei ihm sehr zurückhaltend, »fast teilnahmslos« vorgekommen. Auch die Amtsrichterin aus der ersten Instanz hatte ein halbes Jahr zuvor Wachpersonal für unnötig gehalten. Sie habe – aufgrund eines fremdenfeindlichen Schreibens des Angeklagten – zwar zunächst mit dem Gedanken an einen Wachtmeister gespielt, der »persönliche Eindruck« des Alex W. habe dann aber alle Bedenken zerstreut.

Selbst W.s Verteidiger fiel noch fünf Minuten vor der Tat nichts auf, was darauf hätte hindeuten können, dass sich unter der stillen Miene seines Mandanten eine Hasseruption zusammenbraute: Der hatte das ihm angelastete Vergehen, die Ägypterin als »Islamistin« und »Terroristin« beleidigt zu haben, nie bestritten und war in der Verhandlung höchstens ein paarmal pampig geworden. Niemand wäre darauf gekommen, dass zu diesem Zeitpunkt schon ein scharf geschliffenes Kampfmesser mit einer 18 Zentimeter langen Klinge in seinem Rucksack steckte. Die Tat kam wie ein Blitz aus heiterem Himmel: Marwa el-Sherbini hatte als Zeugin noch einmal ruhig und sachlich von der Auseinandersetzung um die Spielplatzschaukel berichtet, die ein Jahr zuvor in jene Schmähreden des Alex W. gemündet war, und wollte gerade gehen, als der Angeklagte wortlos über sie herfiel – gespenstisch und emotionslos wie ein Mordroboter: keine Schreie des Hasses, nicht einmal ein Grunzen, nur rasend auf die Frau niedergehende Stiche. Nicht einmal von Stühlen, die man nach ihm warf, ließ sich der Fanatiker stören.

Alex W. ist angeblich nicht verrückt, der psychiatrische Sachverständige hat bei ihm keine schwerwiegende psychopathologische Auffälligkeit entdeckt – obwohl W. sich in Russland wegen einer »nicht differenzierten Schizophrenie« für ein Jahr in psychiatrischer Beobachtung befunden haben und aufgrund dieser Erkrankung auch aus dem Militärdienst ausgemustert worden sein soll.

In jedem Fall hat W. einen mit schweren sozialen Defiziten behafteten Charakter entwickelt. Der junge

Russlanddeutsche hatte sich viel erhofft, als er 2003 mit Mutter und Schwester nach Dresden kam. Doch nichts glückte ihm. Er wünschte sich richtige Arbeit und konnte keine finden, er wünschte sich ein Mädchen, war aber unfähig, eines anzusprechen. Das Verhältnis zu Mutter und Schwester soll ebenfalls angespannt gewesen sein – W. vereinsamte in seiner Zweiraumwohnung und berauschte sich am Bier und am Gefühl, ein Deutscher (in seinen Augen also etwas Besseres) zu sein. Sein Selbstbewusstsein destillierte er aus der verbissenen Ablehnung von Ausländern, insbesondere muslimischen Glaubens.

So etwa muss man sich W.s Befindlichkeit vorstellen, als er im August 2008 auf dem Dresdner Kinderspielplatz Marwa el-Sherbini trifft, eine akademisch gebildete, selbstbewusste, integrierte Muslimin, die noch dazu besser Deutsch spricht als er selbst. Sie muss ihm als Verkörperung all dessen erschienen sein, was er nicht ist und nicht kann. Vielleicht versperrt er deshalb dem Sohn der Ägypterin die Schaukel und attackiert die Mutter sofort verbal.

Doch dann passiert etwas, womit Alex W. in Dresden, der Stadt einiger fremdenfeindlicher Übergriffe und rechtsradikaler Aufmärsche, wohl nicht gerechnet hat: Die Eltern auf dem Spielplatz schauen nicht weg, sie solidarisieren sich. Allerdings nicht mit ihm, dem Deutschen, sondern mit der geschmähten Ägypterin. Und noch etwas Unerwartetes geschieht, el-Sherbini lässt die Sache nicht auf sich beruhen, sie zieht sich nicht zurück – sondern ruft, ermutigt durch die Umstehenden, die Polizei. Sie will, dass der Vorfall dokumentiert wird. Es ist eine Russlanddeutsche, Ludmilla N., die der Ägypterin dafür ihr Mobiltelefon leiht. »Warum gibst du ihr dein Handy?«, fragt Alex W. die Landsmännin fassungslos. »Ich gebe mein Handy, wem ich will«, erwidert sie auf Russisch.

Die Polizisten rücken an, und auch sie hätten sich damit begnügen können, Frau el-Sherbini auf den Privatklageweg hinzuweisen, der in Beleidigungsfällen üblich ist – aber auch die Beamten wollen, dass der fremdenfeindliche Ausbruch verfolgt wird, und nehmen die Sache auf. Und die Staatsanwaltschaft Dresden stellt das Verfahren nicht etwa wegen Geringfügigkeit ein, was durchaus möglich gewesen wäre, sondern macht das Anliegen Marwa el-Sherbinis zum Gegenstand öffentlichen Interesses und schickt dem Hartz-IV-Empfänger Alex W. einen Strafbefehl über 330 Euro.

Die Welt schließt sich gegen Alex W. zusammen, um Recht zu schaffen

Keiner der Beteiligten hat das Verhalten des Alex W. bagatellisiert. Im Gegenteil, ihn trifft die Reaktion einer mit der von ihm herabgesetzten Muslimin solidarischen Gesellschaft. Er mag auf Gleichgesinnte gehofft haben – gefunden hat er nur Gegner. Die Welt um Alex W. schließt sich zusammen, um Recht zu schaffen für Marwa el-Sherbini.

Den Strafbefehl bezahlt W. nicht, er fühlt sich im Recht. Dafür schreibt er einen hasserfüllten Widerspruch, in dem er den Islam als »verrückte und gefährliche Religion« bezeichnet und den Menschen dieses Glaubens das

Lebensrecht abspricht. Deshalb kommt es im November 2008 zum Prozess vor dem Amtsgericht. Auch hier stößt Alex W. mit seinen Volksreden, er habe ein Recht auf freie Meinungsäußerung und müsse außerdem »seinen Lebensraum« gegen den Islam »verteidigen«, auf Unverständnis. Seine als Frage getarnte Attacke gegen die Zeugin el-Sherbini, was sie eigentlich in Deutschland wolle, weist die Richterin zurück und erhöht die Geldstrafe auf 780 Euro.

Dagegen legt W., der sich nun immer tiefer in seine krude Weltsicht verbohrt, beim Landgericht Dresden Berufung ein. Die Staatsanwaltschaft zieht ihrerseits nach – weil sie in W.s Art der Verteidigung eine rechtsfeindliche Haltung erkennt. In ihrer schriftlichen Begründung zieht sie sogar eine Freiheitsstrafe ohne Bewährung in Betracht, sollte Alex W. weiter auf der abwegigen Position beharren, sein Umgang mit Marwa el-Sherbini sei angemessen gewesen. Überdies widerspricht sie der Bestellung eines Pflichtverteidigers für W. mit der Begründung, der Angeklagte könne sich ganz gut selbst verteidigen. Als das Landgericht dies anders sieht und dem Angeklagten einen Pflichtverteidiger zur Seite stellt, legt die Staatsanwaltschaft dagegen auch noch Beschwerde ein.

Obwohl die Beschwerde erfolglos ist, fühlt W. sich nun umstellt. Es geht ihm, so soll er es dem psychiatrischen Gutachter geschildert haben, nicht in den Kopf, dass in Deutschland nicht der recht bekommt, der einen deutschen Pass hat, sondern ein Mensch aus einer fremden, ihm widerwärtigen Kultur. Auch sieht er kein Verhältnis mehr zwischen seiner Tat und der drohenden Strafe. Er erkennt nicht, dass sein Fanatismus ihn in immer größere Schwierigkeiten bringt. Der Gedanke, mit ihm werde ein böses Spiel gespielt, aus dem er nicht aussteigen könne, lässt ihn nicht mehr los. Richter und Staatsanwälte scheinen ihn bloß aus böser Absicht zu verfolgen. Später, in seiner schriftlichen Einlassung im Mordprozess, wird er seine damalige Stimmung so schildern: »Ich fühlte mich bedroht.«

Solche Nachrichten aus dem Innenleben dieses geistig derart eingeengten, sozial ausgegrenzten Mannes sind durchaus glaubhaft. Sie liefern auch eine Erklärung dafür, warum er seinem Opfer nicht auf nächtlicher Straße aufgelauert, sondern das Landgericht Dresden als Tatort gewählt hat: Er wollte ein Blutbad im Herzen der Justiz, ein Fanal gegen den deutschen Staat, der sich, so zumindest Alex W.s Vorstellung, grausam gegen seinen treuen Sohn gewandt hatte. Marwa el-Sherbini habe ihn nach ihrem Zeugenauftritt zum Abschied noch mit einem »triumphierenden Blick« bedacht, hat Alex W. später ausgesagt. Niemand außer ihm hat einen solchen Blick wahrgenommen. Er sah diese schöne Frau aus dem Saal gehen, und alles war auf ihrer Seite – alle Sympathien, alles Recht: »Da habe ich mir selbst das Kommando gegeben, aufzustehen und die Zeugin anzugreifen.«

»Da habe ich mir das Kommando gegeben, die Zeugin anzugreifen«

Bleibt die Frage nach der Lehre, die aus dem schrecklichen Tod Marwa el-Sherbinis zu ziehen wäre. Wer – außer Alex W. – ist schuld? Wer hat etwas falsch gemacht? Das Dresdner Landgericht hat keine Sicherheitsschleuse, in deren Metalldetektoren Messerträger auffallen würden. Der Berliner Rechtsanwalt Andreas Schulz, der die Hinterbliebenen in Schadensersatzfragen vertritt, bezeichnet das als fahrlässig. Marwa el-Sherbini, die nicht freiwillig, sondern auf Ladung des Gerichts da gewesen sei, hätte von der Justiz mit allen Mitteln geschützt werden müssen. Da hat Schulz recht – und sein Vorwurf gilt ebenso zahllosen anderen, derart ungesicherten Gerichten in Deutschland. Im Übrigen hätte auch eine Schleuse die Ägypterin nicht schützen können, hätte der Angeklagte sein Attentat auf die Eingangsstufen des Gerichtsgebäudes vorverlegt.

Und sonst? Sonst gibt es, was die Entstehung der Tat betrifft, keine Lehre zu ziehen aus dieser Tragödie. Was bleibt, ist eine sinnlose Leere. Die Bürger und der Staat haben sich dem Rassismus widersetzt. Alle haben alles richtig gemacht – und doch ist zuletzt ein Mensch tot.

Aus: DIE ZEIT 47/2009, 12. November 2009, von Sabine Rückert

FORSTER FÜHLT SICH VERRATEN

Mario Forster ist ein Krimineller, der zum V-Mann bei den Bandidos wird. Eine Weile geht das gut. Doch als er aufzufliegen droht, lässt ihn die Polizei im Stich

Ein Mann sitzt in einem gemieteten Mercedes, auf der Rückbank vier tschechische Prostituierte. Zollbeamte stoppen das Auto an der deutschen Grenze. Die Überprüfung ergibt schnell: Der Fahrer ist vorbestraft, gerade auf doppelte Bewährung draußen. Als der Polizist den Mann in Gewahrsam nehmen will, zieht dieser sein Handy aus der Tasche, wählt eine Nummer und reicht dem Beamten das Telefon. Der nickt, dann lässt er den Mann weiterfahren.

Rund drei Jahre später sitzt Mario Forster, der Mann, der diese Geschichte erzählt, in einem vier mal vier Meter großen Raum mit Backsteinwänden. Durch eine Plexiglasscheibe beobachten ihn drei Justizvollzugsbeamte.

Forster, 47 Jahre alt, gelernter Motorenschlosser und ehemaliger Zuhälter, ist im Gefängnis. »Sechs zehn«, sagt er und schüttelt seinen roten, runden Glatzkopf. »Sechs zehn!«

Sechs Jahre und zehn Monate Freiheitsstrafe wegen »unerlaubten Handeltreibens mit Betäubungsmitteln in nicht geringer Menge«, so sehen es die Richter der 5. Strafkammer des Landgerichts Würzburg in ihrem Urteil. Sechs Jahre und zehn Monate Haft, obwohl er doch gegen die Drogenkriminalität gekämpft hat, im Namen des Freistaats Bayern, so sieht es Forster.

Knapp drei Jahre lang war Mario Forster bis 2011 für das Bayerische Landeskriminalamt (LKA) als V-Mann tätig, zuletzt beim berüchtigten Rockerclub Bandidos. »Ich habe kriminelle Energie in mir, keine Frage, aber diese Scheiße ist nicht gerecht.« Forster fühlt sich verarscht.

An 35 Verhandlungstagen ging es vordergründig um die Frage, ob sich ein vorbestrafter Mann erneut schwere Schuld aufgeladen hat, indem er Drogen verkaufte. Doch eigentlich ging es um eine ganz andere Frage: Ist Mario Forster bloß ein Krimineller – oder ein Krimineller im Dienste des Staats? Ließ eine staatliche Behörde Verbrechen geschehen, um an Informationen aus einem Milieu zu kommen, das »komplett abgeschottet ist«, wie der Leiter der Abteilung Organisierte Kriminalität des Bayerischen LKA einmal sagte? Oder hat sich Forster ohne Wissen der Beamten über das Gebot hinweggesetzt, als V-Mann keine Straftaten zu begehen? Diese Geschichte bietet die seltene Gelegenheit, in eine zwielichtige Welt zu blicken, in der Polizisten und Verbrecher Seite an Seite stehen. Es ist eine Welt, die es in einem Rechtsstaat eigentlich nicht geben dürfte und die es vielleicht doch geben muss, um diesen aufrechtzuerhalten.

Mario Forsters Einsatz als V-Mann beginnt im Februar 2009. Der Winter in Bayern kommt mit Wucht zurück, und Forster kommt mal wieder aus dem Gefängnis. Schon vor drei Jahren hatte er sich den Beamten des Landeskriminalamts angedient, jetzt haben sie Verwendung für ihn. Forster übernimmt einen Nachtclub, er soll Informationen aus dem Rauschgiftmilieu beschaffen. »Die Leute, die ich verpfiffen habe, sind Mülleimer«, sagt er, »da tut es mir um keinen leid.« Es klingt, als habe er andere, die er nicht für Mülleimer hält, niemals verraten. Es ist ein Satz, der das ganze Dilemma offenbart, in dem V-Leute und Beamte stecken. Kann man sich wirklich aufeinander verlassen?

Jeder V-Mann bekommt einen sogenannten Führungsbeamten zugeteilt. Im Fall von Mario Forster ist das Norbert K. »Der trat auf wie Graf Koks«, sagt Forster, habe ständig mit seiner Macht geprahlt. »›Mario‹, hat Norbert immer zu mir gesagt, ›wenn du jemals Probleme mit einem Polizisten hast, zieh deinen Joker. Ruf mich an, dann passiert dir nichts!‹« Später, bei seinem Einsatz für die Bandidos, habe das genau so funktioniert. Zum Beispiel als er mit drei in Dänemark geklauten Baggern im Wert von rund 100.000 Euro auf einem Rastplatz gestellt

»Die Leute, die ich verpfiffen habe, sind Mülleimer, da tut es mir um keinen leid.«
Mario Forster

wurde. Und auch an der deutsch-tschechischen Grenze. Forsters baumstammdicke Oberarme beben, wenn er von Norbert K. spricht. »Er sagte mir, sie schicken mich in den Zeugenschutz, wenn ich auffliege. Sie geben mir Geld für einen Neuanfang. Und jetzt? Ich sitze im Knast, die Bandidos wollen mich tot sehen, und die Penner vom LKA leugnen, dass ich überhaupt für sie im Drogenmilieu gearbeitet habe.«

Wir schreiben das Jahr 2011, die Rockerkriminalität grassiert längst wieder, der 2010 geschlossene Friedensvertrag zwischen Hells Angels und Bandidos ist nur noch eine lächerliche Randnotiz. Der Chef von Norbert K. sagt dem *Münchner Merkur:* »Die Fachabteilung Organisierte Kriminalität verwendet einen großen Teil ihrer Kapazitäten für die Beobachtung der Rockerbanden.« Rund ein Drittel der 1500 Rocker in Bayern sind kriminell, schätzt das LKA. Ein V-Mann in dieser Szene wäre Gold wert.

Forster kommt durch einen Zufall zu den Bandidos. In seiner Stammkneipe lernt er eines Abends einen Mann kennen, der dort Member (Mitglied) ist. Der Rockerclub ist streng hierarchisch strukturiert, der Weg zum Member ist oft lang und demütigend. Die Hangarounds (Lakaien) und Prospects (Anwärter) dienen den Mitgliedern, sie müssen aufs Wort gehorchen, Bier bringen, Toiletten putzen, Kotze wegwischen. Als Forster seinem V-Mann-Führer K. von dem Kontakt berichtet, »hat der gleich leuchtende Augen gekriegt. Wenn ich einen Fuß da reinbekomme, sagte Norbert, dann machen die in München eine Rolle rückwärts.«

Forster wird schon nach kurzer Zeit ins Clubhaus eingeladen. »Das ist bei denen so etwas wie eine Ehre.« Er lacht über den Kindergartenstolz der Rocker. Kurz darauf darf er zur Geburtstagsparty des Clubs, »da lag direkt fett Koks auf dem Tisch. Ich hatte seit 20 Jahren nichts mehr genommen, aber hätte ich nicht mitgemacht, wäre ich sofort draußen gewesen.« Wer nicht kokst, der ist ein Bulle, sagt Forster. Man kann sich leicht vorstellen, wie er bei den Bandidos Eindruck machte. Forster ist ein guter Erzähler, witzig, schlagfertig, trinkfest, Whisky-Cola schon am Morgen. Schimpfwörter klingen bei ihm wie Liebkosungen. Er weiß, wie er mit Verbrechern reden muss, er ist ja selbst einer.

In der DDR wächst er als jüngstes von fünf Kindern auf, ist klug, IQ 106, umtriebig, aber als der Vater die Familie verlässt, bekommt sein Leben einen Knick. Mit 15 fängt er an zu trinken. Seine beiden Ehen scheitern, »ich bin beziehungsunfähig«, sagt Forster. In Briefen, die er an seine Mutter schreibt, erkennt man den anderen Mario. Den, der sich um die Familie sorgt, der Fragen stellt. Einmal unterschreibt er mit: »Dein Kummersohn Nummer eins«.

Anfang 1989 versucht Forster nach der Ausbildung zu fliehen und wird zum ersten Mal eingesperrt. Nach der Wende, er ist jetzt 22 Jahre alt, zieht er nach Bayern, doch beim Versuch, aufrecht durchs Leben zu gehen, steht ihm die Verlockung des schnellen Geldes zu oft im Weg. Er erpresst, unterschlägt, hehlt und schleust, fälscht und betrügt. Er führt eine Spedition in die Pleite, häuft acht Millionen Euro Schulden an. Insgesamt 13-mal wird er verurteilt. So gesehen ist seine spätere Tätigkeit als V-Mann eine Blaupause für sein ganzes Leben. »Ich wollte schnell Kohle verdienen, ich bin ja nicht der Retter des Rechtsstaats!«, sagt er über seine Zeit als V-Mann, in der er erneut auf die Schnauze fällt.

Auch, so sieht er das, weil er zu viel vertraut hat. Der unausgesprochene Vertrag zwischen Polizist und V-Mann lautet: Mach keine Scheiße hinter meinem Rücken, dann lass ich dich nicht fallen. Dieser Fall zeigt: Es ist fast unmöglich, ihn einzuhalten. Für beide Seiten. Ein guter V-Mann darf, ja muss Scheiße bauen, doch wo ist die Grenze?

Forster kommt weit bei seinem Bandido-Einsatz. Schnell wird er Prospect, doch wer Prospect sein will, braucht eine Harley-Davidson. Das LKA kauft ihm eine. Er bekommt auch ein Handy, eine E-Klasse mit Tankkarte, 30 Euro pro Stunde und erhält alle Spesen erstattet. »Wenn ich höre, dass sich Leute über einen Nazi-V-Mann aufregen, der in zehn Jahren 100.000 Euro verdient hat, muss ich lachen. Das habe ich in einem Jahr bekommen.« Klar habe er da auch beschissen, in Rechnungen aus einer 6 eine 8 gemacht. Gerichtlich verwertbare Informationen sammelt Forster keine. »Geschäfte bei den Bandidos laufen konspirativ, meist nur zwischen zwei Membern.« Er merkt, dass er so nicht weiterkommt. »Ich hab gesagt: Hör zu, Norbert,

»Wenn ich höre, dass sich Leute über einen Nazi-V-Mann aufregen, der in zehn Jahren 100.000 Euro verdient hat, muss ich lachen. Das habe ich in einem Jahr bekommen.«
Mario Forster

wenn ihr wirklich Infos wollt, dann muss ich als richtiger Rocker mitmachen.« Will heißen: Straftaten begehen. K. habe sein Einverständnis gegeben, sagt Forster. Vor Gericht hat der Führungsbeamte das vehement bestritten.

Dem Präsidenten der Bandidos in Regensburg dient sich Forster als Fahrer an. Ein Mann wie ein Turm sei das, »wenn der mich in die Finger kriegt, tötet der mich in drei Sekunden«. Er konnte nun melden, mit wem sich dieser trifft, aber mehr auch nicht. »Dann habe ich gestreut, dass ich Nutten besorgen kann. Das ist die wichtigste Währung, denn jeder Club hat Probleme, Weiber ranzuschaffen. Und plötzlich war ich Gott.« Forster fährt nun ständig ins Ruhrgebiet, die Chapter (Ableger) dort gelten als die größten weltweit. In der Zentrale der deutschen Bandidos lernt er den Führungszirkel kennen. »Ich hatte schon mit vielen Kriminellen zu tun, aber diese Jungs sind Berufsverbrecher. Die sind bis zu den Zähnen bewaffnet, teils völlig irre.« Man muss sich Forster als Wolf vorstellen, der in einen Tigerkäfig geschleust wird. »Ich hab mich dauernd umgesehen, hatte am Ende Verfolgungswahn.« Es ist die Krankheit, die viele V-Leute befällt, wenn sie irgendwann nicht mehr unterscheiden können, auf welcher Seite sie stehen.

»Ich hatte schon mit vielen Kriminellen zu tun, aber diese Jungs sind Berufsverbrecher. Die sind bis an die Zähne bewaffnet, teils völlig irre« ***Mario Forster***

Forster liefert den Bandidos im Westen jetzt wöchentlich Frauen. Zudem habe es einen regen Drogenaustausch zwischen den Chaptern gegeben. Ständig sei man mit einem halben Kilo Crystal hochgefahren, zurück ging es mit der gleichen Menge Koks. Es ist eine von vielen Anekdoten, die er im Besucherraum der JVA Würzburg erzählt. Es geht auch um einen NPD-Politiker, der bei den Bandidos mit Waffen handelt, um einen toten Anwalt und Norbert K., der ihm Tipps gegeben habe, wie man Drogen über die Grenze schmuggele. Beweise gibt es dafür keine, aber ist es vorstellbar, dass er sich das alles nur ausdenkt? Der Psychologe Max Jäckel hat Forster untersucht und eine Persönlichkeitsstörung mit »paranoiden und depressiven Merkmalen« diagnostiziert. Forsters Wahrnehmung der Realität erscheint ihm verzerrt, er neige zum Festhalten an »irrigen, möglicherweise wahnhaften Inhalten«. Hinzu komme eine Abhängigkeit von Alkohol und Amphetaminen. Falls seine Geschichten bloß die Hirngespinste eines drogensüchtigen Märchenerzählers sind: Wie konnte das Bayerische LKA so einen als V-Mann engagieren? Forster hat während seiner Tätigkeit als V-Mann gedealt. Er hat seiner Tochter sechs Mal je rund 30 Gramm Crystal Meth besorgt – angeblich, um für das LKA an einen größeren Dealer heranzukommen. »Ich habe das auch gemacht, um sie zu schützen«, sagt er heute. »Ich dachte: Solange ich unter dem Schutz des LKA stehe, kann ihr auch nichts passieren.« Was er nicht weiß: Seine Tochter wird von der Würzburger Kriminalpolizei überwacht, die unabhängig vom LKA ermittelt. So gerät Forster selbst in die Fahndung und den Verdacht, mit Drogen zu handeln. Laut einer Stellungnahme des LKA wurde ihm danach die Beendigung der

Zusammenarbeit »durch K. für den Fall angedroht, dass sich die Vorwürfe von Drogengeschäften bestätigen sollten«. Sein Ende als V-Mann naht.

Als er im November 2011 bei einer Kontrolle mit knapp zehn Gramm Crystal erwischt wird und trotzdem auf freien Fuß gesetzt wird, bekommt Forster Angst. Wie soll er den Bandidos erklären, dass er schon wieder davonkommt? Ein Member bestellt ihn ins Clubhaus, man müsse dringend reden. Forster ist sich sicher, enttarnt worden zu sein. »Ich bin ein harter Hund, aber das hat mir die Schuhe ausgezogen.« Verrat ist eine Todsünde bei den Rockern, deren Grundsatz lautet: Gott vergibt, Bandidos nicht. Forster ruft Norbert K. an, den einzigen Mann, dem er jetzt noch vertrauen kann. K. nimmt ihm sein »Diensthandy« ab. »Er sagte mir, alles werde gut, ich käme bald in den Zeugenschutz.« Zwei Stunden später nimmt die Polizei Forster fest. Seit 30 Monaten sitzt er nun in Haft. »Als sie merkten, dass ich enttarnt war, haben sie mich fallen lassen«, sagt Forster. In seine geballte Wut mischt sich in diesem Moment auch Enttäuschung. Kurz ist er wieder das Kind, das von seinem Vater verlassen wird.

Hat eine bayerische Sicherheitsbehörde Straftaten gedeckt und einen V-Mann abserviert, als er ihr nichts mehr nützte?

Was ist nun die Wahrheit? Hat eine bayerische Sicherheitsbehörde Straftaten gedeckt und einen V-Mann abserviert, als er ihr nichts mehr nützte? Oder hat dieser sich an dem Geld des Landeskriminalamts gelabt und die

Straftaten zu seinem Vorteil begangen? Wer ist der größte Bösewicht in dieser Geschichte voller Bösewichter? Vor Gericht jedenfalls haben auch Beamte des Bayerischen Landeskriminalamts ein zweifelhaftes Bild abgegeben.

In seiner ersten von zwei Aussagen räumte V-Mann-Führer K. zwar ein, Forster sei V-Mann gewesen, aber nie im Rahmen der Drogenbekämpfung. Doch das widerlegt eine als »nur für den Dienstgebrauch« eingestufte Verschlusssache des Innenministeriums, die dem *ZEITmagazin* vorliegt. Dort schreibt Staatssekretär Gerhard Eck: »Er war während dieser Zeit vorwiegend bei der Bekämpfung der Rauschgiftkriminalität eingesetzt.«

Bei einem Fall von Drogenhandel, für den Forster letztlich verurteilt wurde, stritten die Beamten ab, vorab davon gewusst zu haben. Laut einem Schreiben eines LKA-Kriminalrates, das dem *ZEITmagazin* ebenfalls vorliegt, stimmt aber auch das nicht. Demnach hatte Forster »K. bereits vor dem Zugriff informiert, dass die Personen Rauschgift von Tschechien nach Deutschland schmuggeln würden«.

Als Forsters Rechtsanwalt die Beschlagnahme sämtlicher Unterlagen beim LKA beantragt, erlässt das Bayerische Innenministerium eine Sperrerklärung. Diese ist nach Paragraf 96 der Strafprozessordnung für den Fall vorgesehen, »dass das Bekanntwerden des Inhalts [...] dem Wohl des Bundes oder eines deutschen Landes Nachteile bereiten würde«. Geht es da um polizeitaktische Bedenken? Oder soll die Öffentlichkeit nicht erfahren, wie viele Verbrechen toleriert werden, um Informationen zu gewinnen? Die Sperrerklärung ist ein mächtiges Instrument, Forster hat kaum eine Chance, sich zu verteidigen. Die Richter erkennen diesen Umstand in ihrem Urteil an. Dort heißt es, »dass die Erkenntnismöglichkeiten des Gerichts [...] beschränkt sind«. Dies zwinge zu einer besonders vorsichtigen Beweisführung. Auch bei der Bewertung der Angaben des V-Mann-Führers K. ist das Gericht besonders vorsichtig. Dieser sagt unter Ausschluss der Öffentlichkeit aus. Zum Beispiel, dass er Forster nie vor polizeilichen Maßnahmen gewarnt habe. Doch das stellt sich wohl anders dar. Als die Würzburger Kriminalbeamten Forster und seine Tochter bei einem zuvor telefonisch vereinbarten Drogendeal auf frischer Tat ertappen wollen, ruft der Ermittlungsleiter vor dem Einsatz bei Norbert K. an und erzählt ihm von seinem Vorhaben. Eine halbe Stunde vor der geplanten Festnahme klingelt Forsters Telefon, am anderen Ende der Leitung: Norbert K. Nur drei Minuten später ruft Forster seine Tochter an und sagt ihr, die Polizei wisse alles. Als die Beamten zuschlagen, finden sie bei beiden keine Drogen.

Die Warnung wäre als Strafvereitelung im Amt strafbar gewesen – dass K. sie leugnet, kann nicht weiter überraschen. Was aber überrascht, ist, dass er ebenso leugnet, vom Würzburger Beamten über den Einsatz informiert worden zu sein. Was aber hätte dieser für einen Grund, vor Gericht zu lügen und Forsters Angaben damit zu bestätigen? Die Richter glauben Norbert K. nicht: Es sei nicht zu dem Drogendeal zwischen Forster und dessen Tochter gekommen, »weil etwas dazwischenkam, nämlich die Warnung durch den Zeugen K.«.

Das Bayerische LKA äußert sich gegenüber dem *ZEIT-*

magazin aufgrund der Sperrerklärung nicht zu dem Fall. »Zum jetzigen Zeitpunkt ist (...) eine weitergehende Beantwortung Ihrer Fragen leider nicht möglich.« Nur so viel: Es seien »geeignete Sicherheitsvorkehrungen zu Forsters Schutz getroffen« worden, die »bis zum heutigen Tag fortgeführt werden«. Als Forster diesen Satz in der JVA Würzburg hört, lacht er bitter. Ständig erreichten ihn »schöne Grüße« von den Bandidos, einer habe rumgetönt, man müsse »dem Scheiß-V-Mann den Kopf abschneiden«. Forster will ins Zeugenschutzprogramm. »Ich kämpfe hier um mein Leben!« Er schreit jetzt fast. Das LKA hatte dem Gericht während der Verhandlung geschrieben, dass »keine konkreten Gefährdungen« vorlägen, die Aufnahme in ein Zeugenschutzprogramm komme nicht in Betracht. Forster werde ja nicht gegen die Bandidos aussagen und habe sich zudem selbst enttarnt. Forsters Rechtsanwalt will den Zeugenschutz jetzt einklagen. Die Richterin hat im April die Prozesskostenhilfe bewilligt, »da der Rechtsstreit hinreichend Aussicht auf Erfolg bietet«. Sollte Forster das neue Verfahren gewinnen, müsste ihn jene Behörde verstecken, die ihn vor fast drei Jahren fallen ließ: das Bayerische Landeskriminalamt.

Aus: ZEITmagazin 27/2014, 26. Juni 2014, von Daniel Müller

GEFESSELT

In einem Vergewaltigungsprozess in Lübeck wird deutlich, wie die gescheiterte Biografie des Täters zum Ausgangspunkt für grausige Machtfantasien wird

Ob sie ihn mal geliebt hat? Bevor die Frau mit den gezupften Augenbrauen ein Wort sagt, schenkt sie ihrem Ehemann, der da auf der Anklagebank sitzt, diesen rohen, durchbohrenden Blick. Wegen der Corona-Pandemie trägt Aziz G., der Angeklagte, eine Schutzmaske, Silikonhandschuhe und eine Schutzbrille, die dauernd beschlägt. Für die Frau muss es wirken, als betrachte sie eine fremde Gestalt aus einer anderen, finsteren Wirklichkeit.

Emine G., 33 Jahre alt, wendet sich dem Vorsitzenden Christian Singelmann zu, der hier im Landgericht Lübeck die Hauptverhandlung leitet. Sie erzählt ihm die Geschichte ihrer Ehe. Eine Geschichte, die von Schlägen handelt und von Übergriffen. Von hässlicher Zweisamkeit. Aber dass ihr Ehemann eine fremde Frau entführt, vergewaltigt und auf einem Feld gefesselt und geknebelt zurückgelassen haben soll, damit sie dort sterbe – nein, das kann sie sich wirklich nicht vorstellen.

Oder doch?

Emine kennt Aziz G. seit der Kindheit. Ihre Familien sind befreundet, 2005 wird die Ehe in der Türkei arrangiert. Emine bezeichnet ihre Hochzeit später als »Entführung«, sie habe diese Heirat nie gewollt. Sie lebt in Deutschland, 2009 zieht ihr Mann aus der Türkei zu ihr nach Lübeck. Für Aziz G., heute 43 Jahre alt, beginnt damit das Scheitern in einem Land, das ihm immer fremd bleiben wird. Er hangelt sich von Job zu Job, sucht Halt in der Rolle des Ehemanns und Vaters. Emine G. bekommt zwei Söhne von ihm. Sie spricht fließend Deutsch, wird Unternehmerin und pachtet eine kleine Kneipe, die sie Endstation nennt. In der Endstation verbringt Aziz G. viel Zeit. Er guckt den Frauen nach, klopft Sprüche – auf Türkisch, weil's auf Deutsch noch nicht so richtig klappt. Ab und zu begrapscht er auch mal weibliche Gäste. Zum Zeitvertreib, erzählen Emine G. und andere Zeugen, bohrt er ein Loch in die Wand, von dem aus er das Treiben auf der Damentoilette beobachten kann. Emine G. bemerkte es, aber sie ließ ihn lange gewähren.

2013 fliegt Aziz G. zum ersten Mal aus der gemeinsamen Wohnung. Er hat Emine so lange geschlagen, bis sie die Polizei rief. Aber nach ein paar Wochen ist er schon wieder bei ihr. Sie streiten ständig, gegenseitige Demütigungen werden zur Routine. Emine G., so erzählt sie es selbst vor Gericht, provoziert ihn, er schlägt sie, sie schlägt zurück. Sie sei ein echtes »Mannsweib«, sagt sie, sie könne sich schon wehren.

Irgendwann 2015 kommt Aziz G. eine Idee, wie er seine Frau auf noch grausamere Weise demütigen könnte. Immer wieder, wenn Emine schläft – und sie schläft sehr tief, wegen der Beruhigungstabletten, die sie nimmt, wegen der Kinder, um die sie sich tagsüber kümmert, und wegen der Kneipe, die sie nachts betreibt –, vergewaltigt er sie und filmt sich dabei. Die Aufnahmen zeigt er ihr später auf dem Handy. »Guck mal«, sagt er und lacht.

Als Emine G. davon erzählt, herrscht Stille im Gerichtssaal. Dann fragt der Vorsitzende: »Warum haben Sie das nie zur Anzeige gebracht?«

»Weil er mein Mann ist – und wegen der Kinder«, antwortet sie. Den Kindern und anderen gegenüber sei Aziz ein herzlicher, gütiger Mensch gewesen. Alle hätten ihn gemocht. »Nur mit mir hat er eben seine Probleme gehabt.« Sie erzählt vom Frühling 2016. Aziz G. bewirft Emine mit Gläsern, zerstört den Fernseher und flüchtet schließlich in die Türkei. Emine schnappt sich den jüngsten Sohn und fliegt ihm hinterher. Sie will ihn nicht verlieren. Am Ende landen beide wieder in Deutschland, zusammen und doch getrennt, bald verlieren sie sich wieder im Strudel gegenseitiger Grausamkeiten – für zwei weitere Jahre. Erst 2018 haben sie endgültig keine Kraft mehr für ein gemeinsames Leben.

Nun zieht Aziz G. in eine Gartenparzelle, direkt an den Bahngleisen, nicht weit vom Lübecker Bahnhof. Das Grundstück ist teilweise ummauert, von einem hohen Maschendrahtzaun umspannt und mit Stacheldraht gesichert. Auf dem metallenen Eingangstor ragen spitze Zacken. Da kommt niemand so leicht rein – und niemand so leicht raus. Emine hilft ihrem Mann, sich dort halbwegs wohnlich einzurichten. Aziz G. verlegt Kabel und besorgt sich Gasflaschen für den Kocher. Er baut einen Hühnerstall. Er zieht sich zurück, guckt Pornos auf dem Handy. Damit verbringt er den Tag. Besonders gefallen ihm Videos, in denen es um Fesselspiele geht. Das verrät er nach der Festnahme der psychiatrischen Sachverständigen.

Im Oktober 2018 fliegt Aziz G. sein Leben im wahrsten Sinne des Wortes um die Ohren: Als er sich in seiner Laube eine Zigarette anzündet, explodiert eine der Gasflaschen. Mit schweren Verletzungen an Händen und Gesicht kommt Aziz G. auf die Intensivstation. Ein halbes Jahr lang pflegt Emine ihn. Warum? Weil er ihr Mann sei – und wegen der Kinder.

Ohne Regung hört Aziz G. der Erzählung seiner Frau zu. Er sagt kein Wort. So hält er es den gesamten Prozess über. Später wird die psychiatrische Sachverständige Christine Heisterkamp ihn als Menschen beschreiben, der permanent gescheitert ist: keine Arbeit, keine glückliche Ehe, dazu die körperlichen Beschwerden nach der Explosion, er konnte noch monatelang nichts mit seinen Händen greifen, und das Dasein in der zerstörten Gartenlaube. Ein Mann in der chronischen Krise, ohne Selbstwertgefühl. Der Sachverständigen hat er erzählt, dass er sich in seiner Laube einen Strick um den Hals ge-

Ein Mensch, der permanent gescheitert ist

legt und auf einen Stuhl gestellt habe. Dann aber habe er die Kinder vor sich gesehen, wirklich, sie standen da. Er wusste, es ist nur eine Einbildung – und doch standen sie da. Deshalb habe er von seinem Suizidvorhaben abgelassen. Dafür habe er zunehmend Stimmen gehört und Dinge gesehen, die nicht ganz real waren. Das kann an den Amphetaminen gelegen haben, die er seit einiger Zeit einnahm. Es kann aber auch nur eine Schutzbehauptung sein.

Nach dem Unfall in der Laube habe Aziz G., das berichten mehrere Zeugen, begonnen, häufiger mit sich selbst zu reden und ins Leere zu starren. »Aziz, bist du da?«, fragt ihn seine Frau öfter.

Und Aziz G. antwortet: »Ja, ich bin da.«

Als es ihm wieder besser geht, fängt er als Fahrer bei einem Lebensmitteltransporteur an. Dort fällt er den Kollegen vor allem als großer Schweiger auf, der an manchen Tagen verschläft, an anderen, vermutlich wegen der Aufputschmittel, übereifrig und fahrig wirkt. Ein paarmal beobachten sie Aziz G., wie er sich unter einem Wasserhahn, aus dem kein Wasser kommt, die Hände wäscht.

Dann entführt Aziz G. eine Frau.

Es ist der 26. September 2019, kurz vor fünf Uhr früh. Lana (Namen der Opfer geändert, *Anm. d. Redaktion*) taumelt aus einer Lübecker Gaststätte. Sie ist total betrunken, noch Stunden später hat sie über zwei Promille. Die 26-Jährige stolpert die Straße entlang, kommt an eine Fußgängerbrücke, die über Bahnschienen führt, sie muss dringend urinieren, verschwindet in den Büschen, geht in die Hocke und fällt in Ohnmacht.

Als sie aufwacht, so erzählt sie später, liegt sie auf einer fleckigen Matratze. Auf den Fotos dieses Ortes, die im Gericht gezeigt werden, sieht man die Reste von Aziz G.s Laube: einen Verschlag, der überquillt von leeren Plastikflaschen, Tüten und Kabeln, Kinderspielzeug, alter Kleidung und Abfall. Betritt man die Laube heute, riecht es dort wie auf einer Müllhalde. Am Eingang liegt eine Kassette auf dem Boden mit den Liedern der türkischen Sängerin Güler Işık. Sie singt: »Ich bin in meiner Zelle, ich brenne vor Sehnsucht / Ich weine jeden Tag, jeden Tag um dich.«

Lana klettert aus dem Bett. Sie hat keine Ahnung, wo sie gelandet ist. Sie wankt aus dem Verschlag. Links die Eisentür mit den Zacken, verriegelt. Durch einen Spalt erahnt Lana, dass sie nur wenige Hundert Meter von zu Hause entfernt sein muss. Es ist finster. Sie tastet sich über das Grundstück. Alles kommt ihr vor wie ein gewaltiges Labyrinth. Überall Mauern, Zäune, Gestrüpp. Irgendwann gelangt sie an einen Teil der Außenmauer und stürzt in eine Grube. Verzweifelt versucht sie sich aus dem Graben, der direkt an die Mauer angrenzt, herauszuziehen und über diese zu gelangen. Die Mauer ist zu hoch. Hinter ihr ein Geräusch. Es klingt wie eine umgestoßene Schubkarre. Da begreift sie: Hier ist jemand, aber niemand, der ihr helfen wird. Angst steigt in ihr auf und damit eine Kraft, die sie selbst nicht für möglich gehalten hat. Mit der Kraft eines Menschen, der nur noch überleben will, stemmt sie sich aus der Grube an der Mauer hoch, springt auf der anderen Seite hinunter und ist frei. Jetzt bloß noch über die Straße – da sieht sie

Aziz G. Er kommt von hinten auf sie zugerannt. Er wirkt mehr verwirrt als aggressiv. Sein Arm greift nach Lana. Sie wehrt ihn ab, ganz ruhig. »Alles cool«, sagt sie zu ihm. »Danke, dass du mir geholfen hast. Aber ich will jetzt nach Hause.« Bis an die Haustür verfolgt er sie. Bedrängt sie, fordert sie auf, aufzuschließen. Erst als ihr Freund aus dem Fenster schaut, flüchtet Aziz G. Lana erstattet noch am gleichen Tag Strafanzeige. Wegen Freiheitsberaubung von Lana wird Aziz G. verurteilt werden.

Im Gerichtssaal heißt es immer wieder, Aziz G. habe regelrecht »Jagd auf seine Opfer« gemacht. Er habe den richtigen Ort und die richtige Zeit für seine Überfälle ausgespäht. Er habe sich auf die Lauer gelegt und auf junge Frauen gewartet, die allein und betrunken sind. So wie Lana. Oder Johanna, sein zweites Opfer.

Elf Tage bevor Emine zu ihrem Ehemann aussagt, nimmt auf demselben Stuhl in der Mitte des Gerichtssaals die 21-jährige Johanna Platz, mit einem strengen, schulterlangen Pferdeschwanz. Sie ist 1,80 groß und athletisch. Als sie spricht, wirkt Johanna kontrolliert, lächelt anfangs sogar, vermutlich nicht, weil ihr zum Lächeln zumute ist, sondern weil sie von sich selbst verlangt, freundlich und selbstsicher aufzutreten. Während sie sehr beherrscht berichtet, was Aziz G. ihr am 12. Oktober 2019 angetan hat, bekommt ihr Freund, der neben ihr sitzen darf, fleckige Wangen und kämpft mit den Tränen. Am Ende ihrer Aussage wird Johanna sagen: »Mir wurde die Illusion geraubt, dass die Welt immer schön ist.«

Party in der Lübecker Kulturwerft Gollan, Happy Hour bis 22 Uhr, Longdrinks für drei Euro, drei Floors zum Tanzen. Gegen halb eins stoßen Johanna und ihre Freundin zur Party. Ewig haben sie in der Schlange am Eingang gewartet. Johanna hat vorher schon ein bisschen was getrunken, jetzt will sie tanzen. Sie kippt einen Tequila nach dem anderen. Eigentlich nicht ihre Art, sagt sie später zu den Richtern, aber diesmal lässt sie sich sogar vom DJ einen ausgeben. Um halb fünf will ihre Mitbewohnerin heim. Johanna bleibt.

Was dann passiert, erinnert sie nur bruchstückhaft. Bloß Bildfetzen sind noch da. Auf der Überwachungskamera sieht man später in Schwarz-Weiß, wie Johanna sich am Ausgang des Clubs an einen Bauzaun klammert und schwankt. Von der Garderobe holt sie ihre Jacke und tritt mit unsicherem Schritt auf die Straße. Sie trifft auf einen Mann, der sie fragt, ob er ihr ein Taxi rufen soll. Johanna schüttelt den Kopf. Aziz G. muss da längst in dem weißen Ford Transit gesessen haben, den er sich am Abend zuvor von seinem Arbeitgeber ausgeliehen hat. Er muss dort gesessen und die Straße beobachtet haben. Und dann entdeckt er Johanna.

»Endlich habe ich ein Zuhause gefunden«

Sie erinnert sich, dass sie mehrfach ins Gesicht geschlagen wird. Mehrere blaue Flecke, geschwollene Lider, ein blutunterlaufenes Auge zeugen später davon. Sie erinnert sich, dass sie in einem Transporter liegt, versucht aufzustehen und wieder hinfällt. Sie erinnert sich, dass sie einen stachligen Boden unter sich spürt, vielleicht eine Wiese, vielleicht ein Feld, und dass sie vergewaltigt wird. In diesem Moment, sagt sie, habe sie sich aus ihrem Körper gelöst und sich selbst von außen gesehen: »Aber ich weiß nicht, wer das war.«

Ein Feld und grauer Himmel. Das ist das Erste, was Johanna sieht, als sie ein oder zwei Stunden später zu sich kommt. Es nieselt. Der Kaschmirpullover, den sie von ihrem Vater bekam, ist ganz feucht. Sie zittert. Sie bekommt nur schlecht Luft. Sie begreift, dass sie geknebelt ist. Sie versucht sich aufzurichten, doch ihre Hände und Füße sind mit einem Seil auf dem Rücken gefesselt. Dazu noch mit einem Spanngurt, der im Gebüsch irgendwo festgemacht ist. Johanna schreit hinter dem Knebel um ihr Leben. »Ich habe geschrien, geschrien, geschrien. Ich habe nicht geglaubt, dass es etwas bringt. Aber ich konnte nicht anders«, sagt sie dem Gericht. »Ich habe gedacht: Warum ist das hier das Ende? Warum bin ich allein? Wo sind meine Eltern und die Menschen, die ich liebe?«

Zur gleichen Zeit kommt etwa 80 Meter entfernt am Straßenrand der Segeberger Landstraße ein Ford zum Stehen. Ein kleiner Mann, Anfang 60, steigt aus. Er will zum Angeln. Er geht den Feldweg entlang, der von der Straße abführt, und pinkelt ins Gebüsch. Da glaubt er, etwas zu hören. Er geht um eine Kurve und entdeckt dort, von der Straße aus nicht zu sehen, die gefesselte Frau.

Später sagt die Gerichtsmedizinerin: Hätte er Johanna nicht zufällig gefunden, sie hätte dort erfrieren können. Es waren an diesem Morgen elf Grad, eine Temperatur, die über mehrere Stunden hinweg in einer solchen Extremsituation bereits lebensbedrohlich sein kann. Der

Auffindeort liegt so abgelegen, dass es reiner Zufall war, dass die junge Frau überhaupt entdeckt wurde.

Damit steht die Frage vor Gericht: War es die Absicht des Aziz G., dass Johanna stirbt und die Tat unentdeckt bleibt? Hat er sie deshalb gefesselt und geknebelt dort ausgesetzt, wo niemand vorbeikommt? Das wäre ein versuchter Mord.

Ein paar Tage nach der Tat wird Aziz G. verhaftet. Der weiße Transporter bringt die Polizei auf seine Spur. Mehrere Zeugen konnten sich an ihn erinnern. Die Ermittler finden DNA-Spuren von Aziz G. auf dem Opfer. Vom Polizeirevier aus ruft er seine Frau Emine an, ausgerechnet sie. Er sagt, er könne nicht erzählen, was los sei, aber er müsse wohl ins Gefängnis. Und dann sagt er noch: »Endlich habe ich ein Zuhause gefunden.« Und Emine erwidert am Telefon: »Das ist ja schon ein Geständnis.« – Aber eigentlich, sagt sie später den Richtern, will sie nicht glauben, dass er so was gemacht hat. So einer sei er doch nicht.

Am 12. Juni wird Aziz G. vom Landgericht Lübeck zu einer Freiheitsstrafe von zwölf Jahren verurteilt, wegen Freiheitsberaubung in zwei Fällen, Körperverletzung und versuchten Mordes. Das Gericht sieht es als erwiesen an, dass er es jedenfalls billigend in Kauf nahm, dass Johanna an jenem abgelegenen Feldweg ihr Leben verliert. Der Vorsitzende sagt, es sei Aziz G. bei der Vergewaltigung um seine sexuelle Befriedigung gegangen. Dabei ignoriert er, was die Psychiaterin betont hat: Täter wie Aziz G. handeln, um sich wenigstens einen Moment lang stark und mächtig zu fühlen. Für kurze Zeit wollen sie die totale Kontrolle besitzen. Bei Vergewaltigungen gehe es um Gewalt. Darum seien die Täter oft Menschen, die sich selbst als Versager wahrnehmen – und es häufig auch sind.

Johanna sitzt während der Urteilsverkündung neben ihrem Anwalt Hans Jürgen Förster. Sie hat eine bunte Schutzmaske auf und schaut den Kameras, die auf sie gerichtet sind, mit klarem Blick entgegen. Auch Emine G. ist gekommen. Ob sie ihren Mann im Gefängnis besuchen wird? Das müsse sie doch – wegen der Kinder. Aber eines will sie jetzt noch klarstellen: Geliebt habe sie ihn nie.

Aus: DIE ZEIT 26/2020, 18. Juni 2020, von Alexander Rupflin

DER BERUFSKILLER

Unter den Augen von Kollegen und Chefs wurde der Krankenpfleger Niels Högel zum Serienmörder. Er könnte mehr als 200 Menschen umgebracht haben

Da sitzt er und kichert wie ein Schulmädchen. Wochenlang zeichnete sich in seinem Gesicht keine Regung ab. Und jetzt: Kichern. Niels Högel amüsiert sich offenbar.

Dabei nennen sie ihn das »Delmenhorster Monster«. Als sei er eine Kreatur aus der Finsternis. Und was sollte so einer, der sich selbst einmal den »größten Serienmörder der deutschen Nachkriegsgeschichte« genannt haben soll, auch anderes sein?

Niels Högel, ausgebildeter Krankenpfleger, Sohn eines Krankenpflegers, Enkel einer Krankenschwester, 38 Jahre alt, ist angeklagt, im Klinikum Delmenhorst drei Menschen ermordet zu haben. Er soll ihnen aus Heimtücke und niedrigen Beweggründen das Medikament Gilurytmal gespritzt haben, »in dem Wissen und der Erwartung, dass die Gabe lebensbedrohliche Herzrhythmusstörungen bis hin zu Kammerflimmern und rapidem Blutdruckabfall auslösen kann«. Niels Högel habe das getan, glaubt die Staatsanwaltschaft, um bei der – selbstausgelösten – lebensgefährlichen Krise der Kranken mit Reanimationskenntnissen prahlen zu können. Mit anderen Worten: Er wollte ein Held sein. Ein gefeierter Lebensretter. Bloß starben dabei drei Menschen.

Mindestens drei. Denn die Zahl ist wohl erst der Anfang, und Niels Högel ist wesentlich mehr als ein Dreifachmörder. Seit Prozessbeginn hat die Nebenklage so viel Druck gemacht, dass die Polizei ihre Arbeit in dem Fall wiederaufgenommen hat. 15 Beamte der Oldenburger Kriminalpolizei ermitteln in der Sonderkommission »Kardio« in mehr als 200 Sterbefällen, 174 davon allein in Delmenhorst. Hinzu kommen zwölf Verdachtsfälle im Klinikum Oldenburg, wo Högel zuvor angestellt war, und noch weitere bei seinen ehemaligen Arbeitsstellen in einem Krankenhaus, einem Altenheim und beim Rettungsdienst in Wilhelmshaven. Es sind Zahlen, die über den Verstand gehen. Und: Fast alle Fälle liegen mehr als zehn Jahre zurück. Dass dem Pfleger jetzt erst der Prozess gemacht wird, auch das geht über den Verstand.

Der Fall Niels Högel ist deshalb nicht nur die Geschichte eines Menschen, der sich zum Herrn über Leben und Tod aufschwang. Er ist auch die Geschichte eines unfassbaren Skandals: Sie handelt vom Totalversagen zweier Krankenhäuser und von einer unvorstellbaren Trägheit der Strafverfolgungsbehörden.

Saal 1 des Landgerichts Oldenburg, viel Holz, viel Licht. Seit September 2014 wird Niels Högel hier jeden Donnerstag in Handschellen vorgeführt, jedes Mal hält er sich so lange einen roten Aktenordner vors Gesicht, bis die Fotografen und Kameramänner den Saal verlassen. Dann gibt er den Blick frei auf ein aufgeschwemmtes Gesicht mit fingerdicken Augenrändern, umgeben von schwarzem, gelverklebtem Haar.

Niels Högel ist ein stiller Angeklagter. Bis zum 8. Januar 2015 hat er das Geschehen regungslos verfolgt, aber an diesem Tag wird alles anders. Kurz zuvor hat sich Högel nämlich vom Psychiater Konstantin Karyofilis explorieren lassen. Ihm hat er offenbart, in Delmenhorst 90 Patienten das Medikament Gilurytmal verabreicht zu haben. Etwa 30 von ihnen seien dann – Högels Reanimationsversuchen zum Trotz – auch gestorben. Er wisse, dass er den Menschen und ihren Angehörigen »massiven Schaden, Leid und Kummer« zugefügt habe, das sei »nicht entschuldbar«.

Seit seinem Geständnis wirkt Niels Högel lebhafter. Er beugt sich zu seiner Rechtsanwältin, sie tuscheln kurz, und dann lachen sie. Högels Lachen sieht aus wie das eines erleichterten Mannes. Eines Mannes, der nichts mehr zu verlieren hat.

Im Saal sitzt auch eine Frau, die nie lacht. Sie hat ihren Kopf in steinerner Ruhe auf der Hand abgelegt und starrt Niels Högel an, Stunde um Stunde. Es ist Kathrin L. Sie hat ihre Mutter verloren. Und der Mann, der angeklagt ist, sie getötet zu haben, sitzt ihr jede Woche schräg gegenüber. Kathrin L. ist nicht nur Nebenklägerin in diesem Prozess. Sie ist der Grund, warum es diesen Prozess überhaupt gibt.

Eisiger Wind treibt das Wasser der Hunte von Ost nach West, Kathrin L. könnte es von ihrem Wohnzimmerfenster aus gut sehen, aber sie sieht nicht hin. »Dieser Tag«, sagt sie, »hat mein Leben für immer verändert.« Der 28. März 2003 ist der Tag, an dem ihre Mutter Brigitte A. stirbt. Elf Tage zuvor sagt die Mutter einen Satz zu ihrer Tochter, den diese nicht mehr vergessen wird: »Häsi, ich will nicht ins Krankenhaus, da muss man ja Angst haben, dass man nicht lebend wieder rauskommt.«

Brigitte A. ist selbst Krankenschwester, sie weiß um den damals herrschenden Pflegenotstand in den Kliniken, um die knappe Zeit der Schwestern und Pfleger. Sie hat ja lange genug selbst auf diversen Stationen gearbeitet. Brigitte A. fürchtet sich aber nicht davor, umgebracht zu werden. Sie hat Angst, vergessen zu werden.

Doch die Tochter, damals 25 und selbst Altenpflegerin, kann die Mutter, 60, nicht mehr zu Hause versorgen. »Die Atemnot wurde jeden Tag stärker«, sagt Kathrin L. Sie sitzt auf ihrem Sofa, ebenso unbewegt wie im Gerichtssaal. Monatelang hat sie die Mutter gefüttert, gewaschen, zur Toilette gebracht, aber nach und nach übernimmt Brigitte A.s zerstörerische Lungenerkrankung die Herrschaft über den Alltag. Am 17. März 2003 kommt Brigitte A. ins Klinikum Delmenhorst und wird noch am selben Tag ins künstliche Koma versetzt. Die Lunge soll entlastet werden. Auf der Intensivstation arbeitet zu dieser Zeit auch der Pfleger Niels Högel.

Nach einer Woche geht es Frau A. schon besser: »Sie

sollte bald auf eine Normalstation verlegt werden.« Jeden Tag sitzt Kathrin L. stundenlang an der Seite der Mutter. Jeden Abend ruft sie vor dem Schlafengehen noch einmal im Krankenhaus an. Auch am 27. März. Da meldet sich ein Pfleger am Telefon und sagt auf L.s Frage, ob alles gut sei, nur: »Im Moment schon.« Dann legt er auf. Heute sagt Kathrin L., seine Stimme sei stumpf und kühl gewesen.

Vier Stunden nach dem Telefonat ruft derselbe Mann bei Kathrin L. an und fordert sie auf, sofort zu kommen, der Kreislauf ihrer Mutter sei instabil. Als die Tochter die Intensivstation erreicht, ist die Mutter schon tot. Die Ärzte haben keine Erklärung. L. bricht unter Tränen zusammen. Das Krankenhaus verlässt sie wenig später mit dem bösen Gefühl: Hier stimmt was nicht. Das Gefühl bleibt. Doch sie ist lange allein damit. Der Mann am Telefon, da ist sie sich heute sicher, war Niels Högel.

Eine Tote im Krankenhaus erregt kein Aufsehen. Es gibt keinen Ort, an dem der Tod so alltäglich ist, wie eine Intensivstation. Knapp 30 Prozent der Deutschen sterben heute in stationären Pflegeeinrichtungen, mehr als 40 Prozent im Krankenhaus. An diesem Ort ist es besonders schwierig zu erkennen, wenn ein Tod nicht natürlich ist. Wenn nicht nur gestorben, sondern getötet wird.

Erst zwei Jahre nach dem Tod von Brigitte A. wird Niels Högel erwischt. Es ist der 22. Juni 2005. Der ehemalige Justizvollzugsbeamte Dieter M., 63, liegt auf Zimmer 6 der Intensivstation im künstlichen Koma. Er erholt sich von zwei mehrstündigen Operationen, bei denen Teile seiner Luftröhre entfernt werden mussten. Die Gasaustauschfunktion der Lunge ist massiv gestört, zeitweise muss M. künstlich beatmet werden. Eine ganze Batterie von Medikamenten wird in seinen Körper gepumpt, um das drohende Multiorganversagen zu verhindern. Dieter M. fiebert, aber sein Zustand ist stabil. Um 13.30 Uhr betritt Niels Högel das Krankenzimmer. Er spritzt dem Wehrlosen 40 Milliliter Gilurytmal in den zentralen Venenkatheter. Die Ärzte haben das weder verordnet, noch wissen sie davon.

Eine halbe Stunde später kehrt Niels Högel in Dieter M.s Zimmer zurück. Er dreht die Spritzenpumpe, die M. mit dem lebensnotwendigen Medikament Arterenol versorgt, auf null herunter. Der Blutdruck des Schwerkranken fällt sofort ab. Högel hat die Alarmfunktion abgeschaltet, damit die Kollegen nicht misstrauisch werden. Zufällig taucht aber doch eine Schwester im Zimmer auf. Högel dreht sich um und sagt: »Dein Patient hat keinen Druck mehr.« Bei Dieter M. setzt lebensbedrohliches Herzkammerflimmern ein, doch die Schwester kann ihn mit zwei Arterenol-Gaben retten.

Die Schwester ist misstrauisch. Sie nimmt Blut ab. Später fällt ihr auf, dass im Medikamentenschrank fünf Ampullen Gilurytmal fehlen, obwohl es auf der ganzen Station keinen Patienten gibt, dem es verschrieben worden ist. Ein anderer Pfleger, den die Schwester ins Vertrauen zieht, findet in einem Mülleimer für Glas vier leere Ampullen. Dreißig Stunden später stirbt Dieter M. Eine Woche darauf, als die Laborergebnisse den Verdacht der Schwester bestätigen, wird Niels Högel verhaftet.

Das ist der Moment, in dem das ganze Ausmaß seines schrecklichen Wirkens hätte offenbar werden müssen. Stattdessen beginnen – so formuliert es der Arzt Kurt Schwender – »armselige Ermittlungen«. Schwender ist damals Oberarzt auf der Intensivstation. Der *ZEIT* sagt er, ihm sei sofort klar gewesen, »dass Niels Högel dasselbe bei vermutlich vielen Patienten gemacht hatte«. Schließlich sei Högel damals auffällig oft bei Reanimationen zugegen gewesen, deutlich häufiger als seine Kollegen.

Noch am Tag, als die Blutergebnisse aus dem Labor vorliegen, lässt sich Schwender vom Controlling die Zahl der Verstorbenen für den Zeitraum Januar 2003 bis Juni 2005 geben, Niels Högels Wirkenszeit am Klinikum Delmenhorst. Die Sterberate war in diesem Zeitraum extrem gestiegen, von gut sechs Prozent auf fast zehn. 2002 starben auf der Intensivstation 98 Patienten, im Jahr darauf 177, 2004 dann 170. Schwender kann anhand der Einsatzpläne ablesen, dass fast 70 Prozent aller Todesfälle zur Dienstzeit oder kurz nach Schichtende von Niels Högel erfolgten. »Als ich das sah, war mir klar: Das sind 100 Tote, die allein bei uns auf sein Konto gehen.«

Nach Niels Högels Verhaftung beginnen »armselige Ermittlungen«

Mit diesem Befund wendet sich Schwender an die Polizei. Immer wieder bittet er die Beamten, die Ermittlungen auszuweiten. Sie würden ja gern, doch sind ihnen die Hände gebunden. »Sie sagten mir: Das muss die Staatsanwaltschaft veranlassen.« Die Staatsanwaltschaft aber lässt nur drei Leichen exhumieren und klagt Niels Högel bloß in einem einzigen Fall an, dem des Dieter M. Die *ZEIT* hätte die saumseligen Beamten gerne zu ihren schlampigen Ermittlungen befragt, aber die Staatsanwaltschaft teilt mit: Sie werden sich nicht äußern. Inzwischen wird gegen die Beamten selbst ermittelt – wegen Strafvereitelung im Amt.

Als der Oberarzt versucht, die Strafverfolger zum Jagen zu tragen, sitzt Högel in Untersuchungshaft. Doch nicht lange: Seine Anwälte reichen beim Oberlandesgericht Haftbeschwerde ein – und haben Erfolg. Weil keine Fluchtgefahr bestehe, kommt Niels Högel im September 2005 auf freien Fuß. Und bleibt es fast vier Jahre lang. Er bleibt auch noch frei, nachdem das Landgericht Oldenburg ihn im Dezember 2006 wegen versuchten Totschlags an Dieter M. zu fünf Jahren Freiheitsstrafe und fünf Jahren Berufsverbot verurteilt hat. Högel hat Revision eingelegt, und so wird das Urteil nicht rechtskräftig. Ende 2006 heuert er bei einer Zeitarbeitsfirma an, im ersten Halbjahr 2008 wird er in einem Altenwohnheim eingesetzt. Auch dort hat er möglicherweise gemordet.

Der Bundesgerichtshof hebt das Urteil gegen Högel teilweise auf – doch nicht als Reaktion auf die Revision des Angeklagten, sondern auf die der Nebenklage. Die Bundesrichter sehen die Mordmerkmale nicht ausreichend geprüft und verweisen den Fall zurück ans Landgericht Oldenburg. Die zweite Hauptverhandlung endet im Juni 2008: Sieben Jahre und sechs Monate Haft sowie lebenslanges Berufsverbot wegen versuchten Mordes, lautet nun das Urteil. Bis Niels Högel seine Haft tatsächlich antreten muss, ist es Mai 2009. Das ist der Rechtsweg, und doch wäre das alles zu verhindern gewesen – durch umfangreichere Ermittlungen der Staatsanwaltschaft und ein revisionsfestes Urteil der Kammer. So bleibt der fahle Beigeschmack, dass ein Straftäter – der von einem deutschen Gericht wegen eines Verbrechens gegen das Leben zu einer erheblichen Haftstrafe plus Berufsverbot verurteilt wurde – sich jahrelang frei bewegen und auch noch eine neue Stelle antreten konnte, in der er wieder Macht über hilflose Personen erhielt.

Es ist dieser zweite Oldenburger Prozess, von dem Kathrin L. schließlich in der Zeitung liest. »Ich wusste sofort, dass er es war«, sagt sie heute, »aber insgeheim habe ich doch gehofft, dass es nicht stimmt. Die Vorstellung, dass da einer in das Zimmer meiner Mutter kommt und sie …«, sie kann den Satz nicht beenden.

Nachdem sie bei der Polizei angerufen und ihre Geschichte erzählt hat, dauert es nicht lange, bis sie Gewissheit bekommt. Niels Högel hatte auch in der Nacht zum 28. März 2003 Dienst, und Brigitte A. war seine Patientin. Kathrin L. stellt Strafanzeige. Dann erlebt sie, was viele aufmerksame Bürger erleben, die ein Verbrechen vermuten: Es passiert nichts. Als sie nach einigen Monaten bei der Staatsanwaltschaft nachfragt, wird sie barsch abgewiesen mit Sätzen wie: Was wollen Sie denn noch? Der ist doch schon verurteilt. Exhumierungen sind teuer.

Ähnliches erleben Menschen, die Serienmörder dingfest machen, immer wieder: Sie beharren darauf, ein vermisster Verwandter sei nicht durchgebrannt, sondern bestimmt ermordet worden, ein angeblicher Selbstmörder sei keineswegs depressiv gewesen, sondern wahrscheinlich Opfer eines Tötungsdelikts geworden – und werden ausgelacht. Bei der Polizei hält man sie für hysterisch oder überspannt. Die Freunde sagen: Reiß dich zusammen, lass gut sein. Der Job wird unwichtig, weil die Beschäftigung mit dem unentdeckten Verbrechen alle Aufmerksamkeit absorbiert. Nicht selten verliert derjenige, der alles ahnt und dem keiner glaubt, seine Existenz.

Bei Frau L. lief es so: sechs Monate Nervenklinik, danach zweieinhalb Jahre berufliche Reha, 250 Euro im Monat. Einsamkeit, Einraumwohnung, kein Leben. »Ich merkte, dass ich nichts hatte, woran ich mich festhalten konnte. Nur dieses nagende Gefühl: Da stimmt was nicht.«

Kathrin L. ergreift die Flucht nach vorn und engagiert eine Rechtsanwältin. Gemeinsam treten die Frauen an die Öffentlichkeit und mobilisieren die örtlichen Medien. Und siehe da: Die Ermittlungen gegen Niels Högel werden wieder aufgenommen. Acht Leichen sollen exhumiert werden, darunter die von Brigitte A.

Das Grab ist mit großen weißen Tüchern verhängt, als der Bagger tonnenweise Erde vom Sarg schaufelt. Kathrin L. kann nicht erkennen, was dahinter geschieht, aber sie sieht, wie die Überreste ihrer Mutter in Plastiktüten abtransportiert werden. Viel ist nicht mehr übrig von ihr, nur der Kopf und etwas Muskelgewebe vom Knie. Wieder dauert es fast ein Jahr, bis die Ergebnisse vorliegen, aber die Rechtsmediziner finden etwas: In der Hirnmasse der Toten wird eine hohe Konzentration von

Gilurytmal nachgewiesen. Die Halbwertszeit des Medikaments ist kurz, es ist nur noch festzustellen, wenn der Patient innerhalb von 24 Stunden nach der Verabreichung stirbt.

Es wird noch weitere drei Jahre dauern, bis Niels Högel in der Sache Brigitte A. angeklagt wird. Ohne Kathrin L. wäre das wohl gar nicht passiert. Und auch nicht ohne Niels Högel selbst, der die Anklage mit Prahlereien befeuert. Im August 2012 melden sich Gefangene aus der JVA Oldenburg bei der Polizei, die aussagen, Niels Högel habe ihnen von zahllosen Tötungen berichtet. Angeblich hat er »bei 50 Toten aufgehört zu zählen«, angeblich nannte er seine Opfer »vergammelte Hüllen« und sich selbst eben »den größten Serienmörder der deutschen Nachkriegsgeschichte«. Wieder will Högel ein Held sein, wieder strebt er nach Superlativen: Aus dem größten Retter ist der größte Mörder geworden.

Über allem schwebt die Frage: Warum tötet jemand ihm unbekannte Menschen in Serie? Noch dazu Schutzbefohlene. Niels Högel ist nicht der erste Patientenmörder in Deutschland. Er ist der achte, seitdem Rudi Z. 1973 in Wuppertal Kranke tötete – die weltweit erste bekannte Tat dieser Art. In keinem anderen Land außer den USA sind so viele Fälle bekannt geworden. Ist verrückt, wer so etwas macht? »Weltweit wurde keinem dieser Angeklagten eine volle Schuldunfähigkeit zuerkannt, kein Psychiater entdeckte bei den Tätern eine schwere psychische Störung oder eine sonstige seelische Abartigkeit«, sagt Professor Karl Beine. Auch Niels Högel gilt als voll schuldfähig. Was also trieb ihn?

Karl Beine leitet die Klinik für Psychiatrie des St. Marien-Hospitals Hamm. Vor seinem Bürofenster dreht sich ein Baukran so schnell, als wolle er tanzen. Es gibt wohl keinen zweiten Menschen in Deutschland, der so viel über die Motive von Patientenmördern nachgedacht hat wie Beine. Sein Buch *Krankentötungen in Kliniken und Heimen* ist das Standardwerk zum Thema. Eine beeindruckende Sammlung aller 35 bis 2011 weltweit bekannt gewordenen Serientötungen durch Pflegekräfte. Inzwischen sind es mehr als 40.

Stress, Druck und Leid sind im Krankenhaus gefährliche Arbeitskollegen

Der Psychiater hat ein System ausgemacht, aus begünstigenden Faktoren in der Klinik – und Neigungen der Täter, die diese besonders anfällig machen. Es gebe, sagt er, erstaunliche Parallelen zwischen den Fällen. Die Täter sind durchweg unsichere Menschen. Sie ergreifen den Pflegeberuf nicht zufällig, sondern mit dem jedenfalls unbewussten Ziel der sozialen Aufwertung, der Stabilisierung der eigenen, als unstet empfundenen Lebenswelt. »Die Helferberufe haben in jeder repräsentativen Umfrage höchstes Sozialprestige«, sagt Beine. »Wer aber von seiner Berufstätigkeit erwartet, dass sie sein Minderwertigkeitsgefühl bessert, erleidet Schiffbruch.« Gerade der Arbeitsplatz Krankenhaus sei selten geeignet, das Wohlergehen der Mitarbeiter zu fördern.

Auch in Klinken gibt es nicht nur nette und dankbare Patienten, kooperative Kollegen und menschenfreundliche Vorgesetzte. Stress, Druck, Leid, Tod sind gefährliche Arbeitskollegen, das gilt für alle Pfleger. Aber für instabile Charaktere, deren Job die Person aufwerten soll, sind die Begleitumstände der Arbeit im Krankenhaus eine besondere Last. Die ständige Konfrontation mit dem Elend der Schwerkranken vergrößert das eigene, am Ende verwischen die Grenzen zwischen Mitleid und Selbstmitleid. Nach und nach war jeder der bekannten Täter in seinem Team isoliert. Keiner hat professionelle Hilfe gesucht. Und keinem wurde sie angeboten. Anerkennung und Aufwertung fanden all die todbringenden Pfleger, wie Niels Högel, irgendwann nur noch im Extremen, bei spektakulären Einsätzen wie einer Reanimation. Auch Niels Högel war »danach jedes Mal richtig gut drauf«, sagt ein Arzt vor Gericht aus.

Es gibt keinen bekannten Fall, in dem ein Patientenmörder von alleine mit dem Töten aufhörte. Man müsse daher von einer hohen Dunkelziffer ausgehen, sagt Beine. »Diese Täter sind nie glücklich, aber wenn sie jemanden getötet haben, sind sie ein bisschen weniger unglücklich. Sie haben sich ihrer eigenen Macht vergewissert.« Die entlastende Wirkung der Tötung nehme aber – wie die Wirkung eines Rauschgiftes – im Laufe der Zeit immer mehr ab.

Der Saal 1 des Oldenburger Landgerichts ist schon eine halbe Stunde vor der Verhandlung vollbesetzt. Der Sachverständige Konstantin Karyofilis soll sein psychiatrisches Gutachten erstatten. Alle wollen wissen: Wer ist Niels Högel? Bislang war der Angeklagte wie ein nasses Stück Seife, für niemanden zu fassen. Manche früheren Kollegen beschreiben ihn als hilfsbereit und nett, andere als ruppig und arrogant. Ein Schulkamerad sagt, Niels sei immer mittendrin gewesen, ein anderer nahm ihn als stillen Außenseiter wahr. Einige Ärzte erinnern sich an ihn als hochprofessionell und handwerklich versiert, andere als für den Beruf völlig ungeeignet. Was soll man davon halten?

Der Gutachter nennt Niels Högel pedantisch, perfektionistisch, selbstwahrnehmungsgestört. Konstantin Karyofilis malt das Bild eines völlig verängstigten Mannes, der seine zwanghafte Furcht vor dem Sterben »kontraphobisch« kompensiert habe: »durch das Herbeiführen von lebensbedrohlichen Situationen und das Gefühl, diese meistern zu können«.

Niels Högel wächst in Wilhelmshaven in einem katholischen Elternhaus auf. Der Vater ist sehr auf Werte bedacht: Gerechtigkeit, Menschlichkeit, Gleichheit. Niels Högel erlebt als kleiner Junge oft, dass sein Vater, der Krankenpfleger, auf der Straße angesprochen wird und sich Menschen bei ihm bedanken. Niels eifert ihm nach, wird auch Krankenpfleger, sogar im selben Krankenhaus. Der Vater arbeitet viel, Niels tut es ihm gleich. Neben dem Job macht er noch eine Ausbildung zum Rettungssanitäter. In dieser Zeit, sagt Gerichtspsychiater Karyofilis, beginne Högel moralisch zu verrohen, durch die vielen Notfälle entwickele er ein »menschliches Unbeteiligtsein«. So entfernt er sich von dem Menschen, der er eigentlich sein will.

1999 bewirbt Niels Högel sich am Klinikum Oldenburg und wird auf der herzchirurgischen Intensivstation angestellt. Das ist eine Art Ritterschlag, der ihm einen narzisstischen Kick verleiht. Niels Högel arbeitet noch mehr als zuvor, oft nachts. Doch er ist emotional überfordert, sieht nur noch Maschinen, Schläuche, Monitore, hüpfende Lichter, verliert den Kontakt zu den Patienten. Anfangs pendelt er noch nach Wilhelmshaven zur Familie, aber bald wird der Stress zu groß. Er sucht sich eine kleine Wohnung in Oldenburg. Getrennt von seinen Eltern, verliert er seinen Halt und vereinsamt. Entwickelt Depressionen, Angstzustände, beginnt zu trinken. Das Bild, das er von sich selbst hat, und jenes, das die anderen von ihm zeichnen, gleitet in dieser Zeit auseinander. Auf der Station macht Högel nämlich den dicken Max, spielt sich in den Vordergrund, reißt den Kollegen bei Reanimationen den Defibrillator aus der Hand.

Einigen Pflegekräften fallen die Veränderungen auf. Auch Frank L., der von 1999 bis 2001 mit Högel auf der herzchirurgischen Intensivstation arbeitet. »Er war sehr unsensibel, kümmerte sich überhaupt nicht um die Patienten. Für ihn gab es nur die Technik.« Und noch etwas: »Wir stellten fest, dass bei seinen Patienten nach einer Reanimation der Kaliumwert oft unerklärlich hoch war. Wir wussten, da muss nachgeholfen worden sein. Aber wir haben uns nicht getraut, das zu Ende zu denken.«

Niels Högel steht wegen dreier in Delmenhorst begangener Morde vor Gericht, verübt zwischen 2003 und 2005. Aber spritzte er womöglich auch schon an seiner vorherigen Arbeitsstelle Menschen in den Tod? Das Klinikum Oldenburg ist durchaus um Aufklärung bemüht. Es hat einen externen Gutachter beauftragt, alle Sterbefälle während der Dienstzeiten von Niels Högel zu untersuchen. Im November 2014 kommt der Gutachter zu dem Schluss: Bei zwölf Verstorbenen war der Kaliumwert so hoch, dass er ohne Fremdeinwirkung nicht zu erklären ist. Eine Überdosis des Elektrolyts, heimlich in einen Infusionsbeutel gemischt, kann zum Herzstillstand führen. Diese Taten bestreitet Niels Högel.

Anderthalb Jahre nach seinem ersten Arbeitstag im Klinikum Oldenburg wird Högel in die Anästhesie versetzt, ohne dass dem dortigen Leiter mitgeteilt wird, dass man Högel auf der Intensivstation loswerden will. Nach einigen Monaten fällt Högel auch am neuen Arbeitsplatz unangenehm auf. Das Klinikum beschließt, ihn unter Fortbezug des Gehalts freizustellen. Er bekommt ein Bombenzeugnis, in dem er als »verantwortungsbewusster (...) Mitarbeiter« gerühmt wird, der »umsichtig, gewissenhaft und selbstständig« arbeite und im Umgang mit Patienten »einfühlsam, fürsorglich« sei. »Als er weg war«, sagt Högels ehemaliger Kollege Frank L., »hat die Pflegedirektorin gesagt: Gott sei Dank sind wir den los.« Niels Högel zieht weiter nach Delmenhorst, wo er den Patienten Brigitte A. und Dieter M. begegnet.

Am Klinikum Oldenburg, sagt Frank L., habe eine regelrechte »Kultur des Wegsehens« geherrscht, denn Niels Högel war nicht der Einzige, der negativ auffiel. L. erzählt, wie er einmal einen Kollegen erwischt habe, der einem unruhigen Patienten die Hoden mit Mullschläuchen festgebunden hatte, damit er endlich stillhalte. L. sagt, er habe den Vorfall dem stellvertretenden Stationsleiter gemeldet, aber der Sadist sei erst zwölf Jahre später entlassen worden, nachdem er sich einer Patientin gegenüber sexuell anzüglich verhalten hatte. »Die haben mit dem das Gleiche gemacht wie mit Niels: Kündigung, gutes Zeugnis und weg.« Angeblich arbeitet der Pfleger jetzt in einem Krankenhaus in Bayern. Das Klinikum Oldenburg untersucht die Vorfälle. Bisher, sagt der Geschäftsführer Dirk Tenzer, habe man keine Hinweise auf ein rechtliches Fehlverhalten des Pflegers entdecken können.

Niels Högel lässt vor Gericht vom Psychiater vortragen, er habe niemals töten, sondern immer nur retten wollen. Dafür hatte er ein beinahe mechanisches Konzept. Keine zu wachen Patienten, keine zu gesunden. Je nach Alter, Gewicht und Konstitution spritzte er ihnen zwischen zwei und vier Ampullen Gilurytmal, gerade so viel, dass sie nicht gleich starben, aber reanimiert werden mussten. Und dann war Högel zur Stelle. Er genoss das Gefühl, »wie auf einem Podest zu stehen«. Einmal bastelten ihm die Kollegen sogar einen Ehrenkranz.

Bei Krankentötungen wirkt das Umfeld wie ein Verstärker. »Ich glaube nicht, dass auch nur einer der Serientäter straffällig geworden wäre, wenn er einen anderen Beruf ergriffen hätte«, sagt Karl Beine. Er nennt das, was auf fast allen Stationen vorherrschte, auf denen getötet wurde, eine »permissive Arbeitsatmosphäre«. Also: Der Täter hat zwar gemordet, aber die anderen haben es geschehen lassen. In Delmenhorst spritzte Niels Högel nach eigenen Angaben den Patienten sogar im Beisein von Pflegekräften und Ärzten das tödliche Gilurytmal. Niemand habe ihn je gefragt, was er da treibe.

Auch das völlige Versagen von Hierarchien trage zu

derartigen Serientaten bei, permanente Unachtsamkeit, Desinteresse. »Die Mitarbeiter entwickeln auf Dauer das Gefühl, dass sich eh niemand für ihre Arbeit interessiert.«

Zunächst kleine, dann immer größer werdende Regelverstöße werden übergangen, kritische Nachfragen von Vorgesetzten bleiben aus. Das trägt zur Verrohung bei. In Cincinnati wurde 1987 einem ganzen Team unter Androhung von Strafanzeigen untersagt, schlecht über den tüchtigen Pfleger Donald zu reden. Dabei hatten die Kollegen sogar den konkreten Verdacht des mehrfachen Mordes geäußert. Die Oberschwester tat die Anschuldigungen als Gerüchte ab. Am Ende kam heraus, dass Donald H., damals 35, mehr als 50 Menschen auf dem Gewissen hatte – er hatte sie mit Zyanid, Arsen, Rattengift und Abflussreiniger vergiftet.

Typisch auch: In keinem der betroffenen Krankenhäuser wurden die astronomischen Steigerungen der Sterberaten und des Medikamentenverbrauchs entdeckt. Im Jahr 2002 wurden in Delmenhorst auf der Intensivstation 50 Ampullen Gilurytmal verbraucht. Im ersten Jahr mit Niels Högel waren es 225, im Jahr darauf 380. Warum merkt niemand, wenn ein Medikament plötzlich fast achtmal so oft verabreicht wird wie zuvor?

»Niels Högel konnte sich die Medikamente selbst bestellen«

Wer darüber mit der Delmenhorster Klinikchefin reden möchte, bekommt zur Antwort: Aufgrund der zu erwartenden »zahlreichen Zivilklagen« sei es »sicherlich klug, sich mit Stellungnahmen gegenüber der Presse zurückzuhalten«. Das Klinikum hat sich bislang nur ein Mal öffentlich geäußert, auf einer Pressekonferenz am 19. Dezember 2014. Da wies es jede Mitschuld von sich. Niemand habe etwas ahnen können.

Die Verbrauchsanalyse der Arzneimittelkommission der Klinik, die der *ZEIT* vorliegt, erzählt eine andere Geschichte: Jahrelang befand sich Gilurytmal auf der Liste der sogenannten Sonderanforderungen, jener selten verabreichten Medikamente also, die auf einem speziellen Formular mit der Unterschrift eines leitenden Arztes bei der Apotheke bestellt werden müssen.

Am 13. April 2004 wird Gilurytmal aber im Beisein des damaligen Verwaltungsleiters und des Ärztlichen Direktors von der Sonderliste gestrichen und in das Standardrepertoire aufgenommen. Warum? Ausgerechnet »aufgrund der hohen Zahl an Sonderanforderungen«, wie es in dem Protokoll der Sitzung heißt. Der Bestellvorgang wurde durch Högels mörderisches Tun also erheblich erleichtert.

Es ist üblich, dass das Pflegepersonal den Verbrauch einer Station kontrolliert und die Nachbestellungen koordiniert. Dafür gibt es ein elektronisches System, die Bestellung muss aber von einem Arzt bestätigt werden. Nur durch die Eingabe seines personalisierten Kennworts wird der Auftrag an die Apotheke übermittelt. So sollte es jedenfalls sein. »Das Apothekenbestellsystem in Delmenhorst war aber damals derart unseriös, das ist kaum zu glauben«, sagt der Arzt Kurt Schwender heute. Im Computerprogramm habe nicht einmal ein Feld für die ärztliche Freigabe existiert. Er und seine Kollegen hätten das auch regelmäßig angemahnt, aber erst als Högel aufgeflogen war, sei der Missstand behoben worden. »Niels Högel konnte sich die Medikamente selbst bestellen.«

Der ehemalige Oberarzt Schwender ist einer der wenigen, die heute offen über das sprechen, was im Klinikum Delmenhorst geschah. Er sagt: »Jeder, der Niels Högel erlebt hat, trägt eine gewisse Schuld an der Mordserie.« Dabei nimmt er sich selbst nicht aus. »Ich frage mich noch heute, warum ich das nicht früher entdeckt habe.« Die Hauptschuld aber gibt Schwender den Verantwortlichen am Klinikum Oldenburg. »Sie haben ihn mit diesem völlig verrückten Zeugnis weggelobt. Hätten sie sein Treiben damals schon aufgeklärt, hätte er bei uns in Delmenhorst nie eine Stelle bekommen.«

Die damalige stellvertretende Stationsleiterin Astrid W. sieht den einstigen Oberarzt Schwender in weniger mildem Licht. Vor Gericht sagt sie, sie sei von Schwender brüsk zurechtgewiesen worden, als sie sich über Högels mangelndes Engagement in der Pflege beschwerte. »Sie sind doch bloß neidisch auf ihn«, habe Schwender sie angeraunzt.

Nur eine kleine Szene – aber sie sagt viel über den Geist aus, der am Klinikum Delmenhorst herrschte. Offenbar wurde dort über Jahre hinweg jede Form von Kritik abgewürgt. Astrid W. erzählt von einer weiteren Begebenheit, etwa einen Monat vor dem versuchten Mord an Dieter M. Ein Pfleger sei auf sie zu gekommen, er habe nach dem Nachtdienst vier leere Ampullen Gilurytmal in einem Müllbehälter gefunden – in einem Zimmer, für das Niels Högel zuständig war. Als Astrid W. die Beweismittel an ihren Stationsleiter übergab, »ordnete er an, ich solle mich raushalten und meine Kompetenzen nicht überschreiten«. Die Ampullen hat sie nie wiedergesehen. Gegen mehrere Mitarbeiter des Krankenhauses sowie gegen zwei weitere Mitarbeiter aus Oldenburg ermittelt die Staatsanwaltschaft jetzt wegen Totschlags durch Unterlassen. Man könnte sagen: Es wird gegen ein System ermittelt.

Der Vorsitzende Richter Sebastian Bührmann bekommt im Prozess einen ganzen Strauß solcher Hinweise vorgetragen, die, hätte man sie im Krankenhaus konsequent verfolgt, bestimmt einige Morde verhindert hätten.

Da sind die Spitznamen von Niels Högel. Die Kollegen nannten ihn »Rettungs-Rambo«, weil er Patienten eigenmächtig intubierte, ohne auf den Arzt zu warten. Er hieß auch »Todes-Högel«, weil in seiner Dienstzeit so viele Kranke starben. Wenn man morgens auf die Station kam und nachts ein Patient gestorben war, erzählt eine Schwester, habe man reflexhaft gefragt: »Mensch, hatte der Niels Dienst?«

Es fiel auf, dass seine Patienten nachts besonders ruhig waren, es ging das Gerücht, er betäube sie. Fast einstimmig berichten ehemalige Kollegen vor Gericht, er habe die Pflege »schleifen lassen« – dafür gab es keinen Applaus. Manche Schwestern ließen ihn nicht einmal mehr in die Nähe ihrer Patienten, aus Angst, es könnte etwas passieren.

Klaus Dörner sitzt auf einem verschlissenen grünen Cordsessel in seiner Altbauwohnung in Hamburg und zieht an seiner Pfeife. Dörner war 16 Jahre lang Kopf eines Krankenhaussystems, Ärztlicher Leiter der Westfälischen Klinik für Psychiatrie in Gütersloh. Er hat dort 1990 selbst erlebt, wie es ist, wenn ein Pfleger zum Mörder wird. Sein Pfleger Wolfgang L. spritzte mindestens zehn Psychiatriepatienten Luft in die Venen, sie starben an einer Luftembolie.

»Ich habe immer gedacht: Bei uns kann so etwas nicht passieren. Ich war schockiert, dass ich so naiv war«, sagt Dörner. Er hatte sich mit dem Thema Patiententötungen schon länger befasst. Und er wusste aus seiner Beschäftigung mit der Nazi-Euthanasie genau um die Gefahren struktureller Gewalt im Krankenhaus. Dass ausgerechnet er nicht »wach genug für die realen Bedingungen« war, wie er es ausdrückt, schmerzt ihn noch heute – ein Vierteljahrhundert nach den Tötungsdelikten. Er empfindet nach wie vor eine »moralische Schuld« für das, was geschehen ist. »Ich hätte es sehen müssen, ich hätte mehr Kontakt zu meinen Mitarbeitern haben müssen.«

Auch bei Wolfgang L. gab es zahllose Anzeichen. Ihm hatten die Kollegen wegen der erhöhten Sterberaten in seiner Dienstzeit den Spitznamen »Todesengel« gegeben, ähnlich wie im Fall von Niels Högel. Zwei Kolleginnen hatten sogar einen konkreten Verdacht geäußert, weil binnen kürzester Zeit drei von L.s Patienten eine unerklärliche Atemdepression bekamen. Eine Schwester fand kurz danach vier Ampullen des nicht verschriebenen Medikaments Neurocil im Mülleimer. Dörner ließ dem Patienten Blut abnehmen und gab die Proben in zwei Labore. Doch die Ergebnisse waren nicht eindeutig. Auf einer Personalversammlung ließ er sich zu dem Satz hinreißen: »Es besteht kein Verdacht gegen Wolfgang L.« Der bedankte sich für die »faire Untersuchung« – und wurde zwei Monate später festgenommen.

Nach L.s Verhaftung rief Dörner zwei Amtskollegen in Nordrhein-Westfalen und in Österreich an, die kurz zuvor in ihren eigenen Häusern Patiententötungen erlebt hatten. Dörner bat um Rat. Der lautete so: »Klären Sie bloß nicht auf, kehren Sie alles unter den Teppich. Sonst geht es ökonomisch den Bach hinunter.« Dörner fand das ungeheuerlich – und schlug die Gegenrichtung ein.

Er sprach in jedes Mikrofon, gründete Arbeitskreise und wöchentliche Gesprächsrunden, eine ganze Fortbildungstagung widmete er dem Thema Patiententötungen. Immer wieder mahnte er seine Mitarbeiter, das Unmögliche für möglich zu halten, achtsam zu sein und ehrlich gegenüber sich selbst. Sich auch nicht für Tötungsimpulse zu schämen, die jeder in diesem Umfeld habe, sondern sie offen anzusprechen. Im Angesicht übertherapierter Patienten in aussichtsloser Lage kämen solche Fantasien durchaus häufig vor – oder auch, wenn einen Pfleger die Wut packe, weil ein Patient ihn seit Tagen wie einen Leibeigenen behandle. »Ich bin der festen Überzeugung, dass dieses Ideal vom Pfleger, der hilfreich, edel und gut zu sein hat, für jeden eine Bürde ist. Diese Ideologie darf uns nicht dazu zwingen, die bösen Anteile in uns so zu verdrängen, dass sie sich irgendwann entladen.«

Dörner ist mit einer Krankenschwester verheiratet, drei seiner fünf Kinder arbeiten in Pflegeberufen, er kennt sich aus. Manchmal denkt er, dass dieser Beruf an sich schon eine Überforderung ist. Dienen, dienen, dienen – und dabei sensationell mächtig sein, diese Macht aber nie spüren, nur Ohnmacht wahrnehmen gegenüber der Herrschaft von Ärzten und Medizintechnik: »Das ist sehr gefährlich für die Betroffenen.«

Als Wolfgang L. 1993 der Prozess gemacht wurde, war Dörner dabei. Er versuchte, ihm in die Augen zu schauen, aber L. schaute weg. Er antwortete auch nie, wenn Dörner ihm schrieb. Neulich aber hat er wieder von ihm gehört, L. ist längst aus dem Gefängnis entlassen. Eine Psychologin, die auf derselben Station gearbeitet hat, ist ihm zufällig begegnet. Es klingelte an ihrer Tür, und da stand er vor ihr: Wolfgang L. ist jetzt Vertreter für Lebensversicherungen.

Den Krankenpfleger Niels Högel erwartet eine lebenslange Freiheitsstrafe. Der Vorsitzende Richter ließ keinen Zweifel daran, dass er eine besondere Schwere der Schuld feststellen wird. Auch wenn der Psychiater Karyofilis keine Gefahr für einen Rückfall sieht und somit von der Verhängung der Sicherungsverwahrung abrät, wird Niels Högel wohl mindestens 20 Jahre im Gefängnis sitzen müssen. Verlassen wird er die JVA nur ab und zu: wenn er wieder einmal zum Oldenburger Landgericht gefahren wird, zu seinem nächsten Prozess. Noch ermittelt die Soko »Kardio«.

Normalerweise ist ein Urteil das Ende einer umfassenden Aufklärung. Bei Niels Högel ist es erst der Anfang.

Aus: DIE ZEIT 8/2015, 19. Februar 2015, von Daniel Müller

BLIND VOR LIEBE

Eine junge Prostituierte nimmt einen älteren Akademiker aus. Ihr Prozess zeigt die brutalen Gesetze eines Berliner Rotlichtviertels

An einem Tag im Jahr 2011 sprach Rolf Vogelsang auf dem Billigstrich um die Potsdamer Straße im Westen Berlins eine schwarzhaarige, sehr zierliche Prostituierte an. Sie wechselten ein paar sachliche Sätze: 20 Euro für die orale Variante im Auto, 50 Euro für eine halbe Stunde im Hotel. Aber Vogelsangs Interesse an der Frau ging binnen Sekunden so weit übers Geschäftliche hinaus, als sei in ihm eine Bombe gezündet worden. »Es hat mich«, sagte er später, »sofort erwischt.«

Der *coup de foudre* katapultierte das bürgerliche Durchschnittsleben des 50-jährigen Akademikers in ein Drama von hollywoodhaften Dimensionen. Über Jahre hin unternahm der verzauberte Freier, der sich schon bei der zweiten Begegnung nicht mehr als solcher betrachtete, alles, um das Mädchen Hanka, Hani genannt, aus dem Schmutz der Straßenprostitution zu erretten. Er lud sie ins Kino und ins Café ein, bezahlte sie für Spaziergänge und lange Gespräche, fuhr abends an ihrem Standplatz vorbei, um ihr frisches Obst zu überreichen. Er wurde, »als wir uns im Januar 2013 unsere Liebe gestanden«, vom Glück durchzuckt – und im Jahr darauf auf eine Art und Weise ausgeplündert, deren burlesker Aspekt die Infamie noch steigert.

Nun, im Spätsommer 2016, steht der silberhaarige Mann mit dem biederen kurzärmligen Karohemd als einer der Zeugen vor der 11. Strafkammer des Berliner Landgerichts, die den Fall der 29-jährigen Bulgarin Hanka V. und ihres 37-jährigen Landsmannes Dimitar A. verhandelt. Ihr wird Betrug vorgeworfen. Bei ihm kommt aus Sicht der Staatsanwaltschaft allerlei zusammen: Zuhälterei, Menschenhandel, gefährliche Körperverletzung, betrügerische Erpressung sind nur die gewichtigsten Anklagepunkte. Die Schwierigkeit, sie hieb- und stichfest nachzuweisen, deutet sich schon am ersten Prozesstag an, da sich wichtige Zeugen als wankelmütig erweisen. Beispielsweise die 27-jährige Tatjana M., ebenfalls eine bulgarische Prostituierte, die als Nebenklägerin auftritt, aber belastbar erscheinende Aussagen schon im nächsten Moment durch wirre oder seltsam blumige Erläuterungen relativiert.

Tatjana M. kam 2009 zum Anschaffen nach Berlin. Sie hatte, wie die meisten osteuropäischen Prostituierten, wie auch Hanka, nie eine andere Arbeit ausgeübt. Unmittelbar nach ihrer Ankunft ging sie mit Dimitar A. eine

Partnerschaft ein, in der die Grenze zwischen Anhänglichkeit ihrerseits und finanzieller Ausbeutung seinerseits mäandernd verlief. Welchen Anteil ihrer Einkünfte sie ihm überließ, will sie vor Gericht so wenig präzisieren wie die Zahl ihrer Abtreibungen. Eine Wohnadresse gab es nicht. Die beiden übernachteten in billigen Hotels oder im Auto auf dem Parkstreifen der Bülowstraße, wo blutjunge Prostituierte bisweilen so dicht aufgereiht stehen, als gehörten sie zu einer Balletttruppe. Im Oktober 2013 wird Dimitar A. verhaftet und im Dezember 2013 wegen gemeinschaftlichen Raubes zu einer Freiheitsstrafe von einem Jahr auf Bewährung verurteilt. Nach seiner Entlassung aus der Untersuchungshaft verwickelt sich das Knäuel jener Ereignisse, die schließlich auch Rolf Vogelsang mitreißen und die das Gericht mühsam zu entwirren sucht.

Das persönliche Interesse des Dimitar A. gilt nun, da er sich wieder auf freiem Fuß befindet, einer namentlich nicht genannten Tschechin. Sein wirtschaftliches an Tatjana M. soll er dafür umso brutaler durchgesetzt haben. Ab Januar 2014 soll er sie gezwungen haben, Tag und Nacht auf dem Strich zu arbeiten, ihr Drogen aufgedrängt, sie regelmäßig geprügelt, einmal sogar mit einem Messer angegriffen haben.

Über mehrere Vorfälle gibt es Polizeiprotokolle. Allerdings zog Tatjana M. die Anzeigen oft schon am nächsten Tag wieder zurück. Im Frauenhaus, wo ein Sozialdienst sie unterbrachte, hielt sie es genau eine Nacht aus. Auf die Frage des Verteidigers von Dimitar A., weshalb sie nach den Misshandlungen nicht nur immer wieder zum Angeklagten zurückgekehrt sei, sondern darum gekämpft habe, die Favoritinnenrolle in dessen zuhälterischem Management zurückzuerobern, gibt sie zu Protokoll: »Weil ich ein gütiges Herz und eine gütige Seele habe.«

Dann werden die Karten neu gemischt. Hani tritt an die Seite von Dimitar. Wenn man beiden glauben mag – auch sie erlebten einen Blitzschlag der Liebe. In einer vom Verteidiger verlesenen Erklärung teilt Dimitar dazu mit: »Hani ist die Liebe meines Lebens. Was sollte ich machen? Ich musste mich von Tatjana M. und der Tschechin trennen, ich liebte beide nicht mehr.« Bisweilen ähnelt der Prozess einem Bühnenschwank, der das Publikum in den Genuss gewundener Viertel- und Unwahrheiten bringt. Das auftretende Milieu erinnert indes an eine Dorfgesellschaft mit ihren sozialen Verstrickungen und internen Gesetzmäßigkeiten. Dieser Vergleich ist mitnichten verharmlosend. Der Anblick notdürftig bekleideter 20-jähriger Frauen, die beim Lächeln schwarz verfärbte Zahnstummel enthüllen, eignet sich wenig für die Beschwärmung urbaner Frivolität. Ebenso wenig der Volvo-Kombi mit dem Aufkleber »Baby an Bord«, dessen Fahrer mit prüfenden Blicken am Prostituiertenspalier vorbeikriecht. Beides aber geschieht auf offener Straße. An keinem anderen Ort in Deutschland, von der Hamburger Reeperbahn abgesehen, vollzieht

Warum sie zu dem Zuhälter zurückgekehrt ist? »Weil ich eine gütige Seele habe«

sich innerstädtische Straßenprostitution mit derart greller Selbstverständlichkeit wie in diesem abgewirtschaftet anmutenden Berliner Viertel, wo Tiergarten, Kreuzberg und Schöneberg aufeinandertreffen. Doch so eigenmächtig, verkommen, kriminell oder mafiös die Binnenwelt des Milieus auch sein mag: Es unterhält Beziehungen zur Außenwelt. Es hat nicht, und das verdeutlicht dieser Prozess, den Charakter einer hermetischen Unterwelt, den es durch ein Prostitutionsverbot wohl annähme.

In der zweiten Prozesswoche betritt »Herr Neuscheid«, so sein Titel im Milieu, mit einer gewissen pastoralen Feierlichkeit den Prozesssaal. Herr Neuscheid engagiert sich bei der Linderung des Prostituiertenelends in einem privaten Hilfsprojekt, das aus einer einzigen Person besteht – ihm selbst. Der Pensionär begleitet die »Mädchen«, wie er sie nennt, zu Behörden, redet Zuhältern ins Gewissen, parkt sein Auto auf der Bülowstraße und stößt die Beifahrertür auf, wenn er ein entkräftetes Geschöpf heranwanken sieht. Offensichtlich ist Herr Neuscheid als Szenekenner auch ein Ansprechpartner der Polizei. Dem Gericht bestätigt er, Tatjana M. im Frühjahr 2014 mit zerschlagenem Gesicht gesehen und einmal dabei beobachtet zu haben, wie sie sich mit einer Frau auf der Straße lautstark prügelte.

Als Nächstes tritt ein junger Wirtschaftsjurist in den Zeugenstand. Er wohnt zufällig im Strichkiez. Er hat Dimitar A. im Sommer 2015 angezeigt, weil der ein iPhone nicht zurückgab, das er ihm zur Reparatur überlassen hatte. Man traut dem Angeklagten vieles zu – auch Spezialkenntnisse auf dem Gebiet der Elektronik? Und warum war Dimitar A. mehrfach Gast im Wohnzimmer des Zeugen? Könnte dies mit dem Erwerb von Crystal Meth zu tun gehabt haben?

Auf solche Fragen des Vorsitzenden hin tun sich im Kopf des Wirtschaftsjuristen Gedächtnislücken von medizinisch bedenklichem Ausmaß auf. Gegen Ende der Zeugenparade erscheint der schwergewichtige und schweratmige Richard A. Seine Rolle im Dorfgeschehen ist verschwommen. Fest steht, dass er mit Hanis Schwester liiert war. Fest steht auch, dass er mit einem Betrieb bankrottging und seine Einnahmen mit der Untervermietung des Schlafzimmers an Leute aus dem Milieu aufbessert. Auch Hani wohnte gelegentlich bei ihm. Sie brachte Dimitar A. mit, dieser brachte einen Mercedes-Besitzer namens Erwin P. mit, der irgendwann mit Dimitar A. über eine Ablösesumme für Tatjana M. in Höhe von 25.000 Euro verhandelt haben soll. Auf diese Deals versucht sich der Anklagevorwurf des Menschenhandels zu stützen. Nur findet sich kein Zeuge, der die Vermutung urteilsfähig zu konkretisieren vermöchte. Auch der liebestolle Rolf Vogelsang war irgendwann eine Art Dorfbewohner.

Wenn er Hani nicht antraf, weil sie gerade Kunden hatte, gab er seine Obsttüten im Café ab, in dessen Kundschaft sich das Rotlichtpersonal mit den verlorenen Seelen des Viertels mischt. Im »FrobenCafé« strecken Prostituierte für eine Zigarette die Füße aus. Vor dem »Eros-Burger« sitzen im Sommer morgens um sieben bullige Kerle mit Trainingshosen und fettgoldenem Armschmuck und genehmigen sich Feierabenddrinks.

Die dunklen Wolken, die im Frühjahr 2014 über Rolf Vogelsang aufziehen, will er monatelang nicht wahrhaben. Am 20. Mai ruft ihn eine Kollegin von Hani an. Es sei, schreit sie ins Handy, etwas Furchtbares geschehen: Hani sei von einem Zuhälter nach Bulgarien entführt worden. Der Entführer – er ist so wenig real wie das ganze Schauermärchen – fordere 5000 Euro. Hani legt mit einer SMS nach: »Rolf, hilf mir! Bin entführt! Es geht um Leben und Tod.« Rolf Vogelsang übergibt Dimitar A., den er für den Geldboten des Entführers hält, persönlich 4000 Euro. Die Staatsanwaltschaft hält A. für die treibende Kraft hinter den immer aberwitzigeren Lügen, die auf die Ersparnisse des verblendeten Vogelsang abzielen. Im Juni 2014 zahlt der je 2500 Euro für die Beerdigungen von Hanis Vater und Großmutter. (Beide sind noch heute quicklebendig.) Im Juli zahlt er 5000 Euro für die Kaution einer Wohnung, die Hani angeblich in Bulgarien erwerben möchte. Er zahlt für das Ferienlager einer Tochter, die Hani plötzlich in Bulgarien zurückgelassen haben will. (Natürlich gibt es sie nicht.) Die Summe der Beträge, die Vogelsang herausrückte und die mutmaßlich in die Hände von Crystal-Meth-Dealern gelangten oder über Umwege in den Besitz eines arabischen Familienclans, der Gerüchten zufolge die Prostitution um die Potsdamer Straße kontrolliert – diese Summe kennen nur er und seine Kameliendame. Es könnte korrekt sein, sie im mittleren fünfstelligen Bereich zu verorten.

Erst Ende 2014 gehen Vogelsang die Augen auf. Akribisch rekonstruiert er nun bei den Ermittlern die an ihm begangenen Betrügereien. Im gleichen Zeitraum sucht er die Drogenberatungsstelle der Caritas auf, um sich zu erkundigen, wie einem Crystal-Meth-abhängigen Straßenmädchen geholfen werden könne. »Ich habe«, sagt er, als könne er die Tiefe der Abgründe, in die er sich stürzte, bis heute kaum ermessen, »meine Hani nicht wiedererkannt.« Seine Ehe ist geschieden, das Haus der Familie am grünen Stadtrand verkauft. Er leide, schildert er dem Gericht, unter Schlafstörungen, Verdauungs- und Potenzproblemen, er sei »wirtschaftlich, seelisch und körperlich am Ende«. Hanis letzte SMS-Nachricht an ihn kam im Februar 2015. Sie lautete: »Rolf du bist ein Idiot, aber ein netter Idiot.«

In der Weimarer Republik galt der alte Berliner Westen als Inbegriff großbürgerlicher Lebenskultur. In den Nachkriegsjahrzehnten wurde das Viertel dank seines niedrigen Sozialniveaus und seiner zerrupften Neubebauung zum Inbegriff des berlintypischen Kaputtheits-Charmes. Der Straßenstrich, der das Gebiet beherrscht, hat eine jahrzehntelange Geschichte und das Prestige einer in jedem Reiseführer verzeichneten Pittoreske unsolider Sitten. Aus nachvollziehbaren Gründen empfinden die Anwohner dieses Prestige als blanken Hohn. Sie beobachten vom Küchenfenster aus kopulierende Menschen im Gebüsch und in Parkplatzecken, steigen auf dem Weg zur Mülltonne über Kondome, Feuchttücher und Notdurft.

Ende 2015 riefen sie den Arbeitskreis »Gegen den Strich – für einen Sperrbezirk in Tiergarten Süd« ins

Leben. Einer Unterschriftenaktion schlossen sich über tausend Bürger an. Der Arbeitskreis zeugt weniger von moralischem Säuberungsfanatismus als von der Sorge, wie es im Viertel weitergehen soll, wenn sich in der Sommersaison bis zu 400 Prostituierte auf einem Dutzend Quer- und Parallelstraßen drängen. Die EU-Osterweiterung, heißt es in einer Erklärung, habe zu einer beängstigenden Kriminalisierung und einer hemmungslosen Ausdehnung der Straßenprostitution geführt. Die spiele sich mittlerweile vor Kirchen, Kliniken und Kindergärten ab.

Tatsächlich ist Berlin, neben Rostock, eine von nur zwei deutschen Städten ohne Sperrbezirksverordnung und die Stadtpolitik, zumal die der SPD, seit Jahren uneins, ob sie den Freiraum abschaffen oder weiter tolerieren soll. Die Frage könnte sich bald von selbst erledigen. Nicht durch die Macht des Gesetzes, sondern durch die der Gentrifizierung. Um die hundert Millionen Euro investiert die Immobilienagentur Diamona & Harnisch in zwei Wohnkomplexe der Nobelklasse. Ihr Standort: mitten im Rotlichtgebiet. Ein Prachtbau mit dem klingenden Namen Carré Voltaire wird 119 Eigentumswohnungen mit Quadratmeterpreisen zwischen 4400 und 7500 Euro beherbergen. Keine zwei Fußminuten entfernt findet sich das Frauencafé »Olga«, eine für viele Prostituierte existenzielle Institution. Das »Olga« bietet medizinische und hygienische Versorgung, Übernachtungsplätze, Kondome und Sprit-

Er fleht durch die Badezimmertür: »Nimm doch wenigstens die Blumen!«

zen, alles kostenlos. Gegen den soziokulturellen Clash, der dem Viertel bevorsteht, könnten sich die Verwerfungen vom Prenzlauer Berg wie Sandkastengeplärr ausnehmen.

Kurz nach Prozessbeginn werden die Verfahren gegen die Angeklagten Dimitar A. und Hanka V. voneinander abgetrennt. Dimitar A. wird drei Wochen später zwar von Menschenhandel und Zuhälterei freigesprochen, wegen Beihilfe zum Betrug, gefährlicher Körperverletzung, Bedrohung und mehrfachen Fahrens ohne Fahrerlaubnis aber zu einem Jahr und acht Monaten verurteilt. Da die Delikte in seine alte Bewährungszeit fielen, muss er weiter sitzen. Der Staatsanwaltschaft ist das Urteil zu milde, sie hat Revision eingelegt.

Hanis Prozess endet glimpflicher. Nach ihrem Kontakt zu Rolf Vogelsang befragt, schildert sie ihn als Zufallsbekannten, der sich seit Jahren ungefragt und penetrant in ihr Leben einmische und sich nicht abschütteln lasse. Wegen Betruges bekommt sie zehn Monate auf Bewährung. Das Urteil fällt an einem Freitag, noch am selben Tag kann Hani das Untersuchungsgefängnis verlassen. Vogelsang, der am Montag darauf im Prozess gegen Dimitar A. aussagt, wird vom Vorsitzenden gefragt, wann er Hani denn zum letzten Mal gesehen habe. »Am Samstag.« – »Diesen Samstag?« – »Ja.« – »Also vor zwei Tagen?« Jeder im Saal hält die Luft an.

Nachdem Rolf Vogelsang erfahren hat, dass Hani in Freiheit ist und bei einem bulgarischen Freund untergekommen ist, macht er sich am Samstagabend sofort auf den Weg. Der Bulgare will ihn erst nicht in die Wohnung lassen: Hani sei unter der Dusche. Vogelsang solle verdammt noch mal abhauen und sie endlich in Ruhe lassen. »Hani«, fleht er durch die Badezimmertür, »nimm doch wenigstens die Blumen!«

Aus: DIE ZEIT 46/2016, 3. November 2016, von Ursula März

Noch mehr Fälle zum Nachlesen aus Deutschlands erfolgreichstem True-Crime-Podcast

Sabine Rückert (Hg.)
ZEIT VERBRECHEN 2
Die spannendsten Kriminalfälle aus Deutschland
Das Buch zum Podcast

192 Seiten
ISBN 978-3-8479-0087-0

Seit seinem Start im Jahr 2018 gehört *ZEIT Verbrechen* zu den meistgestreamten deutschen Podcasts und erfreut sich einer immer größeren Fangemeinde. Sabine Rückert stellt dort gemeinsam mit Andreas Sentker und Kolleg:innen aus der ZEIT-Redaktion regelmäßig die ungewöhnlichsten und spektakulärsten Kriminalfälle vor und beleuchtet sie intensiv. Dabei behalten sie immer auch die menschlichen Schicksale hinter dem Fall im Blick – egal ob Täter oder Opfer. Dieses Buch versammelt die ursprünglichen ZEIT-Artikel zu elf der beliebtesten Podcast-Folgen der letzten Jahre. Spannung garantiert!